C.H.BECK WISSEN

in der Beck'schen Reihe

Die Rechtsphilosophie besteht aus Rechtstheorie und Rechtsethik. Die Rechtstheorie stellt die Frage «Was ist Recht?» Sie grenzt das Recht von anderen sozialen Ordnungen wie Moral, Politik, Konventionen sowie Religion ab. Da das Recht eine Form menschlichen Handelns ist, sind für diese Abgrenzung seine Ziele und Mittel wesentlich. Ziel des Rechts ist die Vermittlung zwischen gegenläufigen, im Widerstreit stehenden Belangen. Die Rechtsethik untersucht dagegen die Gerechtigkeit des Rechts. Zunächst werden die verschiedenen Arten der Gerechtigkeit dargestellt: die Tauschgerechtigkeit, Beitragsgerechtigkeit, Verteilungsgerechtigkeit und Korrekturgerechtigkeit. Inhaltlich wird die Rechtsethik als Teil der allgemeinen Ethik von deren Theorien beherrscht, die erläutert werden. Nach Entfaltung einer vermittelnden Ethik des normativen Individualismus werden als Anwendungsbeispiele die Gerechtigkeit staatlicher Strafe und die internationale Gerechtigkeit erörtert. Dieses Buch wendet sich nicht nur an Philosophen und Juristen, sondern an jeden, der das Recht als soziale Ordnung, welche unser Leben entscheidend prägt, besser verstehen will.

Dietmar von der Pfordten ist Professor für Rechts- und Sozialphilosophie an der Georg-August-Universität Göttingen. Bei C. H. Beck ist von ihm das Buch «Rechtsethik» ([2]2011) erschienen. Weitere Bücher des Autors: «Deskription, Evaluation, Präskription» (1993); «Ökologische Ethik» (1996); «Menschenwürde, Recht und Staat bei Kant» (2009); «Normative Ethik» (2010); «Suche nach Einsicht. Über Aufgabe und Wert der Philosophie» (2010).

Dietmar von der Pfordten

RECHTSPHILOSOPHIE

Eine Einführung

Verlag C.H.Beck

Originalausgabe

Satz: Fotosatz Amann, Aichstetten
Druck und Bindung: Druckerei C.H.Beck, Nördlingen
Umschlagentwurf: Uwe Göbel, München
Printed in Germany
ISBN 978 3 406 64484 9

www.beck.de

Inhalt

I. Einleitung: Was ist Rechtsphilosophie? **7**
1. Die Rechtsphilosophie als Teil der Philosophie 11
2. Die Rechtsphilosophie als Teil der Rechtswissenschaft 12
3. Die Teile der Rechtsphilosophie: Rechtstheorie und Rechtsethik 13

II. Die Rechtstheorie: Was ist Recht? **17**
1. Das Recht als menschliches Handeln 17
2. Die Ziele des Rechts: das Gute, die Gerechtigkeit, das Gemeinwohl 22
3. Weniger anspruchsvolle Ziele des Rechts in der Neuzeit 25
4. Die Vervielfachung der angenommenen Ziele im 19. und 20. Jahrhundert 27
5. Die Mittel des Rechts I: Denken, Sprache, Pflichten/Normen, Regeln 31
6. Die Mittel des Rechts II: Befehle/Zwang, Normhierarchie, Regelzweistufigkeit, Prinzipien 36
7. Das notwendige Ziel des Rechts 53
8. Die notwendigen Mittel des Rechts 59
9. Wider einen Reduktionismus der Mittel 62
10. Recht und entwickeltes Recht 63
11. Recht und Moral/Ethik 66
12. Die Radbruchsche Formel 78

III. Die Rechtsethik: Welches Recht ist gerecht? **82**
1. Die Frage nach der Objektivität der Ethik 82
2. Die Verhältnisse der Gerechtigkeit 84
3. Die Prinzipien der Gerechtigkeit/Die normative Ethik 95

4. Die deontologische Ethik/Der Kantianismus 97
5. Der Utilitarismus 100
6. Die Vertragstheorie/Die Diskurstheorie 101
7. Die Tugendethik 104
8. Eine Ethik des normativen Individualismus 106
9. Der normative Individualismus im Recht 110
10. Die Gerechtigkeit staatlicher Strafe 116
11. Die Internationale Gerechtigkeit 117

Literatur 121
Personenregister 125
Sachregister 126

I. Einleitung: Was ist Rechtsphilosophie?

Was ist Recht? Und welches Recht ist gerecht? So lauten die Grundfragen der Rechtsphilosophie. Die Rechtsphilosophie sucht also nach *Erkenntnis des Rechts*. Der erste Teil des Begriffs *Rechts*philosophie verdeutlicht diesen Gegenstand rechtsphilosophischer Erkenntnissuche. Nach Erkenntnis des Rechts suchen aber auch andere Teildisziplinen der Rechtswissenschaft. Worin unterscheidet sich die Rechtsphilosophie von diesen? Auf diese Frage gibt der zweite Teil des Begriffs Rechts*philosophie* eine ebenso deutliche Antwort: Die Erkenntnisperspektive der Rechtsphilosophie auf das Recht ist eine *philosophische*. Die Rechtsphilosophie ist somit auch *Teildisziplin der Philosophie*. Die Aufgabe der Rechtsphilosophie hängt also von der *allgemeinen Aufgabe der Philosophie* ab.

Die allgemeine Aufgabe der Philosophie ist aber bereits auf einer grundsätzlichen Ebene umstritten: Hält man etwa mit Platon oder Aristoteles die Philosophie für eine fundamentale *Ideen- oder Seinswissenschaft*, welche nach *objektiver Erkenntnis* strebt, so muss auch die Rechtsphilosophie nach der *Idee* oder dem *Sein des Rechts* suchen, und zwar mit dem Ziel *objektiver Erkenntnis*. Das ist das eine Extrem. Spricht man der Philosophie dagegen mit Wittgenstein und anderen Skeptikern bzw. Positivisten des 20. Jahrhunderts, zumindest jenseits von Sprachanalyse und Sprachkritik, jeglichen *Wissenschafts- bzw. Objektivitätscharakter* ab, dann wird auch die Rechtsphilosophie – wie es heute nicht selten der Fall ist – nur mehr ein beschränktes Dasein in der reduzierten Form einer allgemeinen Rechtslehre, allgemeinen Jurisprudenz, Normlogik oder Regeltheorie führen. Oder sie wird sich gar in eine theoretische Rechtssoziologie verwandeln und sich so selbst zum Verschwinden bringen. Das ist das andere Extrem. Zwischen den verschiedenen Auffassungen der Philosophie und damit der Rechtsphilosophie liegen also

Welten. Die Rechtsphilosophie kommt deshalb nicht umhin, einen Standpunkt in der jahrtausendealten Frage nach der allgemeinen Aufgabe der Philosophie einzunehmen.

Die Frage nach der allgemeinen Aufgabe der Philosophie kann hier selbstredend weder hinreichend diskutiert noch gar befriedigend beantwortet werden. Aber sie lässt sich unter keinen Umständen vermeiden, denn auch viele konkrete Debatten der Rechtsphilosophie hängen – nicht selten unreflektiert oder unausgesprochen – von dieser Antwort ab. Jeder Versuch, der Frage nach der allgemeinen Aufgabe der Philosophie auszuweichen, führt zu deren verdeckter und damit nicht gerechtfertigter Beantwortung und muss somit methodisch wie intellektuell unbefriedigend bleiben – ein Mangel, mit dem viele Darstellungen der Rechtsphilosophie behaftet sind. Deshalb wird hier zunächst kurz das vorgeschlagene bzw. zugrundegelegte Verständnis der allgemeinen Philosophie skizziert. Es handelt sich um ein *gemäßigtes*, zwischen den beiden erwähnten Extremen der Philosophie als Ideen- oder Seinswissenschaft und als bloßer Sprachanalyse oder Sprachkritik *vermittelndes* Verständnis der Philosophie, das möglichst viele Auffassungen einschließt (vgl. von der Pfordten, Suche nach Einsicht):

Jede Suche nach Erkenntnis bzw. jede Wissenschaft erfordert zumindest drei Elemente:

(1) einen *Gegenstand*, das heißt ein *Objekt* im *formalen*, *erkenntnistheoretischen* Sinn,
(2) ein *Ziel der Suche nach Erkenntnis* und
(3) bestimmte *Mittel*, um den Gegenstand zu erkennen, also eine *Methode*.

Die Biologie hat etwa alle Lebewesen zu ihrem *Gegenstand*, die Beschreibung und Erklärung dieser Lebewesen, ihrer Entstehung, ihres Baus und ihres Verhaltens zu ihrem *Ziel* und Experimente, empirische Untersuchungen, Hypothesen sowie Theorien zu ihren *Mitteln* bzw. *Methoden*.

Für die Philosophie sind *drei Einsichten* wesentlich: Die Philosophie hat *erstens keinen einzelnen, abgegrenzten Typ von*

Dingen oder Tatsachen zum alleinigen Gegenstand wie etwa die Biologie (Lebewesen), die Physik (Energie und Materie), die Soziologie (Gesellschaft), die Mathematik (Zahlen, Funktionen, Beweise) oder eben die Rechtswissenschaft (Recht). Sie ist gerade keine Einzelwissenschaft, sonst hätte sie als «*Mutter aller Einzelwissenschaften*» im Laufe ihrer Geschichte nicht so viele Einzelwissenschaften aus sich heraus gebären können. Werden alle Arten von einzelnen, abgegrenzten Gegenständen bzw. Dingen und Tatsachen von den Einzelwissenschaften untersucht, so *muss der Gegenstand der Philosophie zweitens ein anderer bzw. von anderer Art und Weise sein*. Die Philosophie kann aber *drittens* als Suche nach Erkenntnis *nicht darauf verzichten, einen Gegenstand im Sinne eines formalen Objekts zu haben*. Sie kann nicht lediglich auf ein Erkenntnisziel und/oder eine Methode beschränkt werden. Jene spezifische Art menschlichen Handelns, die wir als Suche nach Erkenntnis ansehen, ist begrifflich notwendig Erkenntnis *von etwas*. Sie ist immer *verhältnishaft*, d.h. *relational* bzw. genauer: *zielhaft*, d.h. *intentional* auf einen *Gegenstand* der Erkenntnis gerichtet – welcher aber wie etwa in der Mathematik kein wirkliches Ding bzw. keine wirkliche Tatsache in Raum und Zeit zu sein braucht, sondern nur ein *formales Objekt unserer Suche nach Erkenntnis* ist. Was können dann der Erkenntnisgegenstand, das Erkenntnisziel und die Mittel bzw. Methoden der Philosophie sein?

(1) Ein *Gegenstand* der Erkenntnis, der für die Philosophie noch übrig bleibt, wenn alle Einzelwissenschaften sich jeweils auf alle einzelnen Gegenstände, d.h. Typen von Dingen bzw. Tatsachen beziehen, ist die *Gesamtheit aller einzelnen Gegenstände* und die *Gesamtheit der Verbindungen aller einzelnen Gegenstände*, also *alle Strukturen* bzw. die *allgemeine Struktur der Welt*. Allerdings verstanden in einem *gedanklichen* und *abstrahierenden*, nicht in einem empirischen bzw. physikalischen oder nur das Wissen der Einzelwissenschaften zusammenzählenden Sinn. Philosophische Untersuchungen versuchen, einzelne Gegenstände wie das Recht, die Sprache, das Wissen oder den Menschen *als Teil der Verbindung aller einzelnen Gegenstände, d.h. typisierten Dinge und Tatsachen zu verstehen*, bzw. sie ha-

ben all diese Verbindungen der einzelnen typisierten Dinge und Tatsachen zum Gegenstand. Die einzelnen Gegenstände werden also nicht isoliert betrachtet wie in den Einzelwissenschaften, sondern in ihrem allgemeinen Zusammenhang.

(2) Das *Erkenntnisziel* der Philosophie hängt von ihrem Gegenstand ab. Ist Gegenstand der Philosophie die allgemeine Struktur der Welt, so kann ihr Ziel nur eine *umfassende Sicht auf die Welt als Ganzes* sein. Jeder beschränkte Blickwinkel würde nicht die Verbindung von allem zum Gegenstand haben, sondern einzelne Dinge oder Tatsachen allein oder in ihrer Verbindung zu anderen einzelnen Tatsachen oder Dingen. Dabei darf «umfassend» nicht als eine Art Zusammenzählen verstanden werden. Obwohl jedes Einzelwissen für die Philosophie relevant ist, kann die bloße Summierung allen einzelnen Wissens nicht ihr Ziel sein. Die Philosophie ist keine Wissenssammlung, d. h. keine Enzyklopädie. Es geht ihr vielmehr um eine übergreifende und abstrakte Sicht der Welt, um einen Rahmen für alles Einzelwissen. Diese abstrakte, philosophische Sicht ist dann allerdings im Hinblick auf einzelne, abgegrenzte Gegenstände wie das Recht nur eine Perspektive unter vielen anderen, prinzipiell gleichberechtigten Perspektiven, weil ja sämtliche Teildisziplinen der Rechtswissenschaft das Recht zum Gegenstand haben.

(3) Ist Gegenstand der Philosophie die Verbindung von einzelnem bzw. allem mit allem und ihr Ziel die umfassende Sicht auf diese Verbindung, so gibt es keinen Grund, die *Mittel* der Philosophie zur Erreichung dieses Ziels der Erkenntnis, also ihre *Methoden*, zu beschränken. Die Philosophie kann somit *alle möglichen Methoden* der einzelnen Wissenschaften und sonstigen Arten der Suche nach Erkenntnis nutzen. Die Methoden der Philosophie lassen sich weder auf erfahrungsfreie Ableitungen wie in der Mathematik und Logik noch auf erfahrungsgestützte Untersuchungen wie in den Natur- und Sozialwissenschaften verengen oder auch nur konzentrieren. Jede Methode kann nützlich sein und angewandt werden, um dem Ziel einer umfassenden Sicht der Verbindung von allem mit allem bzw. einzelner Gegenstände wie des Rechts mit allen anderen Gegenständen näher zu kommen.

Allerdings sucht auch die *Religion* ein umfassendes Verständnis der Welt. Zwischen Philosophie und Religion besteht jedoch ein wesentlicher Unterschied: Die Philosophie entfaltet – zumindest in ihrer abendländisch-wissenschaftlichen Form – ihre Suche nach Einsicht aus einer *diesseitigen*, *immanenten* Perspektive, welche sich hauptsächlich auf unsere Vernunft und unsere Sinneswahrnehmung als *Mittel* stützt. Die *jenseitige*, *transzendente* Perspektive der Religion findet ihre *methodische* Grundlage dagegen vor allem in der Offenbarung, lehramtlichen Entscheidungen, traditionellen Glaubensgewissheiten oder meditativer Selbstversenkung.

I. Die Rechtsphilosophie als Teil der Philosophie

Worin besteht dann die besondere Erkenntnisperspektive der Rechtsphilosophie auf das Recht? Die Perspektive der Rechtsphilosophie auf das Recht ist zwar ebenso wie die Perspektiven der anderen rechtswissenschaftlichen Teildisziplinen nur eine einzelne, aber sie unterscheidet sich von diesen in einem wesentlichen Merkmal: Sie ist *philosophisch* und damit *nicht vereinzelnd*. Sie schneidet das Recht nicht aus seinem Zusammenhang als Teil der Welt in ihrer Gesamtheit. Und sie ist eine *immanente* Perspektive auf das Recht im Gegensatz zur transzendenten Perspektive der Religion. *Die Rechtsphilosophie hat folglich das Recht in all seinen Zusammenhängen, also im Rahmen der Welt als Ganzes, aus einer diesseitigen Perspektive zu ihrem Gegenstand. Sie sucht mit allen möglichen Methoden nach einer umfassenden und zugleich immanenten Einsicht in das Recht in all seinen Verhältnissen*, wobei juristisch-dogmatische, historische, soziologische, psychologische, ethnologische und alle anderen Teilerkenntnisse des Rechts zu berücksichtigen sind.

Wie kann die philosophische Perspektive auf das Recht genauer aussehen? Eine erste Antwort auf diese Frage wird eine vorsichtige sein müssen: Man wird nicht mehr ohne weiteres annehmen können, dass das Recht ein *Wesen* bzw. eine *Substanz* oder *Essenz* hat. Diese Ansprüche der Metaphysik und Ontologie wurden selbst für *natürliche Gegenstände* aus Gründen der Erkenntnistheorie, die bereits Kant und andere formuliert haben, in Zweifel gezogen. Umso mehr gilt das für das Recht als *soziales Phänomen.* Wir können das Wesen der Dinge an sich nicht erkennen. Aber wir können immerhin nach den möglichst *beständigen* und damit *notwendigen Eigenschaften* eines Gegenstandes, so wie er uns erscheint, forschen. Somit können wir nach den möglichst beständigen und damit notwendigen Eigenschaften des Phänomens Recht und seiner Beziehungen suchen, die, weil sie die beständigsten und damit notwendigen Eigenschaften sind, alle in höherem Maße veränderbaren Verhältnisse zu anderen Gegenständen und Tatsachen bestimmen.

2. Die Rechtsphilosophie als Teil der Rechtswissenschaft

Die Rechtsphilosophie ist aber nicht nur Teil der Philosophie, sondern auch Teil der Rechtswissenschaft. Sie ist Teil der Rechtswissenschaft, weil sie die philosophische Frage nach dem Verhältnis von allem mit allem im Hinblick auf denjenigen spezifischen Gegenstand stellt, welcher der Rechtswissenschaft eigentümlich ist: dem *Recht.*

Aber was ist unter Recht zu verstehen? Lässt man göttliches bzw. transzendent-religiöses Recht sowie ein mögliches Naturrecht (dazu sogleich) einmal außer Betracht, ist damit jedenfalls das *von Menschen geschaffene, tatsächlich bestehende*, das heißt das sog. «positive» Recht gemeint. Das Adjektiv «positiv» bezeichnet in diesem Zusammenhang nur wertfrei die «Positivierung», also «Verwirklichung» bzw. «Statuierung» menschlichen Rechts, nicht aber dessen «positive» Bewertung als gut. Dieses positive Recht umfasst u.a. Verfassungsnormen, Gesetze, Verordnungen, Satzungen, Gewohnheitsrecht, Richterrecht und Verträge.

Das positive Recht kann auf verschiedene Art und Weise Gegenstand der Rechtswissenschaft sein:

Die anwendungsorientierte, d.h. fall- bzw. normbezogene, Rechtswissenschaft (sog. *Rechtsdogmatik*) interpretiert das geltende Recht einer bestimmten Rechtsordnung aus einer *inter-*

nen Anwenderperspektive, also aus der realen oder zumindest fiktiven Perspektive von Richtern, Beamten, Rechtsanwälten usw. Dabei integriert sie empirische Beschreibung und Analyse der tatsächlichen Rechtsverwendung, hat also einen *erfahrungswissenschaftlichen Anteil.* Und sie ist auch *Textinterpretation*, d. h. *Hermeneutik*. Darin ähnelt sie den Sprach-, Literatur- bzw. Kulturwissenschaften sowie der theologischen Dogmatik. Ihr wesentlicher Charakter ist aber der einer *Normwissenschaft*, ihr eigentlicher *Zweck* ein *interner* und *normativer*: die praktische Ausgestaltung und Anwendung des geltenden Rechts – sei es *real* seitens der Richter und Beamten in der falllösenden Entscheidung, der Rechtsanwälte in der Mandantenvertretung, der Juristen in den Unternehmen in der Vertragsgestaltung, sei es *fiktiv*, jedoch mit normativem Anwendungsanspruch seitens der dogmatischen Rechtswissenschaftler an den Universitäten und im sonstigen Rechtsleben.

Rechtsgeschichte und *Rechtssoziologie* – also zwei weitere sog. Grundlagenfächer der Rechtswissenschaft neben der Rechtsphilosophie – beziehen sich anders als die Rechtsdogmatik *nicht* aus einer primär *internen* Anwenderperspektive, sondern aus einer *externen* Perspektive auf das geltende Recht. Die Rechtsgeschichte untersucht das *historische Recht* sowie seine Abfolge. Die Rechtssoziologie analysiert das *Verhältnis von Recht und Gesellschaft.*

Die *Rechtsphilosophie* beschränkt sich dagegen nicht auf die Beschreibung des Rechts aus einer externen Perspektive mit Bezug auf einzelne historische oder gesellschaftliche Phänomene, sondern strebt eine *umfassende, externe und interne Aspekte* verbindende Perspektive auf das Recht in all seinen Zusammenhängen an.

3. Die Teile der Rechtsphilosophie: Rechtstheorie und Rechtsethik

Die Philosophie wird gemeinhin in *theoretische* und *praktische Philosophie* geschieden. Die theoretische Philosophie untersucht die abstraktesten logischen, ontologischen, erkenntnistheoretischen und sprachlichen Gegebenheiten und Zusammenhänge der Welt. Die praktische Philosophie fragt nach einer Beschreibung, vor allem aber Bewertung, Verpflichtung und Rechtfertigung unseres Handelns, unserer Werte und Normen. Die Rechtsphilosophie lässt sich entsprechend in *Rechtstheorie* und *Rechtsethik* unterteilen, wobei manchmal als dritte Subdisziplin der Rechtsphilosophie noch die *Geschichte der Rechtsphilosophie* genannt wird. Sie ist allerdings auch in den beiden Gebieten der Rechtstheorie und der Rechtsethik beheimatet, denn sowohl die theoretische als auch die praktische Philosophie haben selbstredend eine mehr als zweieinhalbtausendjährige Geschichte, die auch für Sachfragen relevant ist.

Die *Rechtstheorie* analysiert und beschreibt die fundamentalen Strukturen des Rechts im Zusammenhang mit anderen Phänomenen der Welt, dessen Begriffsprägung einschließlich der Frage des Rechtsbegriffs, die Erkenntnisgewinnung inklusive der Rechtsquellenlehre, die Sprachverwendung, Normlogik, implizite Handlungstheorie sowie System- und Institutionenbildung des Rechts, den Wissenschaftscharakter der Rechtswissenschaft und die Geschichte der theoretischen Philosophie des Rechts. Dabei spielen philosophische Nachbardisziplinen und ihre einzelwissenschaftlichen Pendants eine Rolle, also etwa die Politische Philosophie und Politikwissenschaft, Sprachphilosophie und Linguistik, Logik und Mathematik, Handlungstheorie und Entscheidungspsychologie.

Die Rechtstheorie klärt über die Instrumente der Rechtssetzung und Rechtsanwendung auf, z. B. über die logische und sprachliche Funktion von Rechtsnormen. Sie findet ihre Verbindung zum geltenden Recht zum ersten in der *Rechtspolitik*, zum zweiten in der *juristischen Methodenlehre*, also in der Methodenreflexion zur Anwendung des Rechts in Gerichtsurteilen, Verwaltungsentscheidungen usw., sowie schließlich in der *Rechtsvergleichung*.

Die *Rechtsethik* setzt das Recht zu *Zielen* und *Werten* wie dem der *Gerechtigkeit* in Beziehung. Sie unterzieht das Recht einer *Rechtfertigung* bzw. *Kritik*. Oder anders formuliert: Sie fragt nach dem *richtigen Recht*. Dabei geht es ihr nicht nur wie der Rechtsdogmatik um die Analyse der impliziten Wertungen des Rechts und um systeminterne Kohärenz und Zweckmäßigkeit der Rechtsnormen, sondern um einen *ethischen Maßstab des Rechts*, der nicht auf die positiv-rechtliche Regelung beschränkt bleibt.

Auch die Rechtsethik steht in Verbindung zur Rechtspolitik, juristischen Methodenlehre und Rechtsvergleichung. Rechtsethische Ergebnisse können auf diese Weise unmittelbar praxisrelevant werden. Beispiele aus neuerer Zeit sind die Frage, ob Abtreibung und Euthanasie erlaubt sein sollen, ob die Ärzte eine schwangere, bereits hirntote Frau am Leben erhalten dürfen bzw. sollen, um die Geburt ihres Kindes zu ermöglichen (Fall des Erlanger Babys), ob der Staat Folter androhen oder gar anwenden darf, um das Leben der Geisel zu retten (Fall Daschner bzw. Jakob von Metzler in Frankfurt), ob ein von Terroristen gekapertes Flugzeug von der Bundeswehr abgeschossen werden darf (Zulässigkeit einer Erlaubnis im Luftsicherheitsgesetz), ob die Knabenbeschneidung strafbar ist bzw. sein sollte (Fall des Kölner Landgerichts), worin die Menschenwürde besteht und ob sie abgewogen werden darf usw.

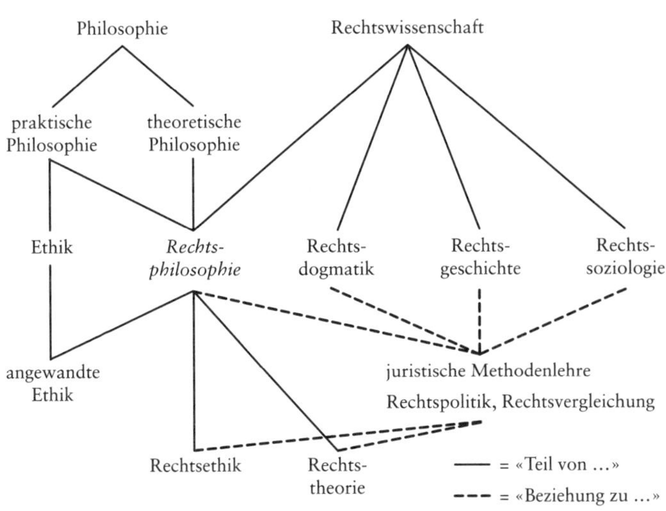

Allerdings erzeugt diese zweckrational-disziplinäre Teilung der philosophischen Perspektive auf das Recht in Rechtstheorie und Rechtsethik sofort das Problem ihrer Verbindung, denn die Erkenntnisperspektive der Philosophie ist ja – wie sich ergab – eine umfassende. Eine wesentliche Verbindungsfrage der Rechtsphilosophie lautet: *Enthält das Recht und folglich der allgemeine, das heißt philosophische Begriff des Rechts notwendig ein Element des Guten, der Gerechtigkeit oder Richtigkeit*? Anders formuliert: Ist nur gutes, gerechtes oder richtiges Recht überhaupt tatsächlich und begrifflich Recht? Oder handelt es sich nicht bloß um Unrecht, Macht oder Gewalt? Letztere These vertritt das sog. *Naturrecht* (ius naturae bzw. ius naturalis), welches im Laufe der mehr als zweieinhalbtausendjährigen Geschichte der Rechtsphilosophie in vielen Varianten auftrat. Danach ist das Recht «von Natur aus», also notwendig, mit einem Maßstab der Gerechtigkeit bzw. der Ethik verbunden. Und zwar tatsächlich wie begrifflich. Verneint wird diese natürliche bzw. notwendige Verbindung des Rechts mit der Gerechtigkeit bzw. Ethik vom sog. *Rechtspositivismus*.

In diesem Buch wird zunächst im zweiten Kapitel die *Rechtstheorie* und danach im dritten Kapitel die *Rechtsethik* dargestellt, wobei die soeben erwähnte, verbindende Frage, ob nur gerechtes Recht überhaupt Recht ist, am Schluss des zweiten Kapitels zur Rechtstheorie behandelt wird. Praktisch ganz ausgeklammert bleibt im Folgenden göttliches bzw. transzendent-religiöses Recht, da dieses religiöse Annahmen voraussetzt, deren Diskussion eher Aufgabe der Theologie ist.

II. Die Rechtstheorie: Was ist Recht?

Das Recht der Menschen ist kein *natürliches*, sondern ein *soziales Phänomen* bzw. eine *soziale Tatsache*. Aber diese erste Bestimmung des Rechts als soziales Phänomen bzw. soziale Tatsache ist noch nicht besonders erhellend. Denn der Begriff des sozialen Phänomens ist sehr abstrakt. Es gibt eine Vielzahl sozialer Tatsachen, z. B. die Moral, die Politik, die Religion, die Konventionen, die Öffentlichkeit, den Arbeitsmarkt, die Bevölkerungsentwicklung usw. Wie lässt sich das Recht von diesen anderen sozialen Tatsachen bzw. Phänomenen unterscheiden?

1. Das Recht als menschliches Handeln

Ein erster wesentlicher Schritt ist, einzusehen, dass menschliches Recht notwendig eine Form *menschlichen Handelns bzw. ein menschliches Erzeugnis im weitesten Sinn* ist. Recht ist menschliches Handeln bzw. ein menschliches Erzeugnis in zweierlei Weise: als ein allgemeines Phänomen und in allen seinen einzelnen Manifestationen. Entscheidet ein Richter, so handelt er. Erlässt ein Beamter einen Verwaltungsakt, so ist dies eine menschliche Handlung. Verabschiedet ein Parlament ein Gesetz, so führt es eine kollektive menschliche Handlung aus.

Ist das Recht notwendig menschliches Handeln, so muss man zu seinem Verständnis die notwendigen Eigenschaften menschlichen Handelns heranziehen. Menschliches Handeln umfasst zumindest zwei notwendige Eigenschaften: ein *Ziel*, d. h. eine *Intention*, und *Mittel* in einem sehr weiten Sinn, um dieses Ziel als *Zweck* zu erreichen. Dies gilt für alle Handlungen. Es gilt auch in den speziellen Fällen, wenn Ziel und Mittel praktisch eins sind, z. B. wenn jemand nur mit dem Ziel zu schauen schaut oder mit dem Ziel zu laufen läuft.

Ein Beispiel für die Notwendigkeit eines Ziels jeder Handlung:

Hebt jemand die Hand, kann das ein Gruß sein, die Einwilligung in einen Vertrag, eine gymnastische Übung, die Bitte um das Wort oder ein anderer Typ einer Handlung. Alle diese äußerlich identischen Vorgänge des Hebens der Hand lassen sich nur unterscheiden, indem man divergente Ziele unterstellt und durch Berücksichtigung der Umstände ermittelt, z. B. indem man den Handelnden nach seinem Ziel fragt oder indem man die Situation analysiert. Auf der Straße wird das Heben der Hand nicht selten ein Gruß sein, in einer Versteigerung ein Gebot, in einer Sporthalle eine gymnastische Übung und auf einer Konferenz die Bitte um das Wort. Andererseits kann etwa das Ziel zu grüßen durch unterschiedliche äußere Vorgänge erreicht werden, etwa indem man mit dem Arm winkt, die Hand des Anderen ergreift, «guten Morgen» sagt, den Anderen anlächelt usw. In ähnlicher Weise kann auch die Einwilligung in einen Vertrag mit Hilfe sehr unterschiedlicher Mittel erklärt werden: mündlich, schriftlich, durch Gesten, per Brief, per Fax, per Email, vor dem Notar usw.

Bevor die spezifischen Ziele und Mittel des Rechts erörtert werden, empfiehlt sich der Blick auf einen weiteren Versuch zur Charakterisierung des Rechts. Nicht selten wird – vor allem von Rechtssoziologen oder rechtssoziologisch orientierten Theoretikern – vorgeschlagen, das Recht als *Ordnung, System, Institution oder Organisation* zu charakterisieren. Wie sind diese Vorschläge zu bewerten?

Erstens: Der Ausdruck «Ordnung», bzw. als fremdwörtliches Äquivalent «System», meint als sehr umfassende Bezeichnung im Alltagsgebrauch nicht mehr als *vielgestaltige Elemente und Verhältnisse.* Das Recht ist in diesem außerordentlich abstrakten Sinn sicherlich eine *Ordnung* bzw. ein *System.* Aber auch Winde und Wolken bilden in diesem Sinn vielgestaltiger Elemente und Verhältnisse eine Ordnung bzw. ein System. Das Besondere menschlichen Rechts als menschlichen Handelns wird mit dieser sehr allgemeinen Kennzeichnung gerade nicht erfasst. Alle spezifischeren, insbesondere soziologischen Auffassungen eines «Systems», die das Recht als besonderen Teil einer Gesellschaft kennzeichnen, sind dagegen zwar für ein beschränktes soziologisches Verständnis des Rechts einsichtig, engen aber eine umfassende philosophische Perspektive auf das Recht ungerechtfertigt ein, weil sie u. a. die ethische, anthropologische, historische und handlungstheoretische Dimension des Rechts vernachlässigen.

Zweitens: «Menschliche Handlung» ist ein Ausdruck des normalen Lebens. Er wird auch außerhalb bestimmter Gesellschaften und wissenschaftlicher Theorien gebraucht. Er korrespondiert einem natürlichen Begriff der Alltagswelt. Jeder einsichtsfähige Mensch versteht grundsätzlich, was eine menschliche Handlung ist, etwa im Unterschied zu einem bloßen Reflex oder dem reinen Geschehen bzw. Geschehenlassen. Demgegenüber sind die Begriffe der Institution, der Organisation oder des Systems/der Ordnung in einem über die soeben erläuterte alltägliche Verwendung hinausgehenden Sinn künstliche und theoretische, insbesondere soziologische Begriffe. Es scheint jedenfalls für ein philosophisches Verständnis problematisch, einen relativ abstrakten, aber doch tatsachenbezogenen Begriff wie den des Rechts mittels solch vager, künstlicher und mehr oder minder bloß theoretischer Begriffe, wie den Begriffen der Institution, der Organisation oder der Ordnung/des Systems in einem engeren Sinn, zu erklären – zumindest sofern man eine umfassende, philosophische Sicht auf das Recht und nicht nur eine beschränkte soziologische auf das Verhältnis von Recht und Gesellschaft sucht.

Drittens: Soziologische Begriffe wie System im engeren Sinn und Institution versteht man sehr oft – wenn auch vielleicht nicht immer – als Beschreibung sozialer Phänomene, die kein Ergebnis zielgerichteten menschlichen Handelns darstellen. Definiert man daher das Recht in diesem Sinne als ein System oder eine Institution, so läuft man – jedenfalls in einem möglichen und häufigen Verständnis dieser Begriffe – Gefahr, seinen entscheidenden Aspekt, nämlich die Dimension menschlichen Handelns und damit die notwendige Bedingung seines Ziels und seiner Mittel zu verfehlen. Aus einer soziologischen Perspektive mag das spezifische Ziel des Rechts unwesentlich sein. Eine solche soziologische Perspektive kann sich vielleicht auf die kausalen Wirkungen und/oder die sozialen Funktionen des Rechts beschränken. Und auch für die isolierende Beschreibung der abstrakten Regelungen des Rechts durch eine allgemeine oder reine Rechtslehre wird das spezifische Ziel des Rechts nicht wesentlich sein. Eine solche Betrachtung mag sich mit der Darstellung der Mittel des Rechts, d. h. seiner Normen, Regeln und Prinzipien, bescheiden. Einer rechtsphilosophischen Untersuchung des Rechts ist eine solche Reduktion der Perspektive auf kausale Wirkungen, soziale Funktionen sowie einzelne Mittel jedoch nicht möglich, jedenfalls sofern man die Rechtsphilosophie nicht aufgeben und in eine Rechtssoziologie oder allgemeine bzw. reine Rechtslehre verwandeln will.

Aus der Tatsache, dass das Recht als eine Art menschlichen Handelns im weitesten Sinn notwendig Ziele hat, folgt nun aber noch nicht, dass alle einzelnen Handlungen des Rechts notwendig ein *gleiches oder wenigstens ähnliches, spezifisches* Ziel verfolgen, dass also ein in allen Rechtssetzungen gleiches oder wenigstens ähnliches, spezifisches Ziel als notwendiges Merkmal des Rechtsbegriffs angesehen werden kann. Wie lässt sich diese weitere Annahme begründen? Eine mögliche Antwort lautet: Begriffe sind als Instrumente der Welterkenntnis nur nützlich, soweit sie Unterscheidungen ermöglichen. Will man den Begriff einer besonderen Form menschlichen Handelns, wie die Rechtserzeugung und das vorausgesehene oder zumindest voraussehbare Ergebnis dieser Rechtserzeugung, also das Recht, vom allgemeinen Begriff menschlichen Handelns unterscheiden, so benötigt man ein *spezifisches Ziel*. Die Unterscheidung nur auf die Mittel zu stützen, ist nicht möglich, denn gleiche Mittel können zur Erreichung unterschiedlicher Ziele eingesetzt werden. Wertungen und Verpflichtungen werden etwa nicht nur im Recht als Mittel gebraucht, sondern auch in der Moral, in der Religion, in der Politik, in der Technik, in der Medizin, in nichtmoralischen Konventionen usw.

Die Annahme eines gleichen, allgemeinen Ziels aller einzelnen Rechtssetzung beinhaltet nicht, dass es sich um ein *gemeinsames* Ziel aller Rechtssetzer handelt, wie es etwa ein Unternehmen oder eine Religionsgemeinschaft hat. Der einzelne Abgeordnete, der einzelne Richter und der einzelne Verwaltungsbeamte verfolgen mit ihrer Rechtserzeugung ein gleiches rechtsspezifisches Ziel, aber alle Abgeordneten, Richter und Verwaltungsbeamten tun dies nicht gemeinsam, denn ihnen fehlt das Wissen und Wollen einer derartigen gemeinsamen Zielverfolgung.

Im Übrigen schließt die Annahme eines gleichen, spezifischen Ziels aller einzelnen Rechtsakte nicht aus, dass der jeweilige Rechtssetzer *zusätzliche nichtspezifische, subjektive Ziele* mit seiner Rechtshandlung verfolgt. Der einzelne Abgeordnete mag etwa auch die Interessen seiner Wähler befriedigen, der einzelne Richter sein Arbeitspensum effizient bewältigen und der einzelne Verwaltungsbeamte bürgernah erscheinen wollen.

Bei manchen menschlichen Handlungen ist ein spezifisches Ziel nicht nur notwendig, sondern sogar *hinreichend*, um diese von anderen Handlungen abzugrenzen. Die Herstellung eines Stuhles ist beispielsweise bereits durch das besondere Ziel definiert, dem Stühle dienen, nämlich mittels eines Artefakts einer und nur einer Person das Sitzen zu ermöglichen. Dieses Ziel ist hinreichend, um einen mit diesem Ziel hergestellten Gegenstand als Stuhl zu definieren. Form und Material des Stuhls sind für die Begriffsbestimmung nicht wesentlich. Der Stuhl kann drei, vier oder fünf Beine haben. Er kann aus Holz, Eisen, Stein oder Plastik gefertigt sein.

Hat das Recht als eine Form menschlichen Handelns auch ein solches spezifisches, d. h. gleichzeitig notwendiges und hinreichendes Ziel jedes einzelnen Handelns und der gemeinschaftlichen Praxis als ganzer? Das ist offenbar nicht der Fall, denn Moral, Politik, Konventionen usw. verfolgen – unter II. 7, 8 wird das gezeigt – ein ähnliches Ziel der Interessen- und Konfliktvermittlung wie das Recht. Das bedeutet: Das spezifische Ziel des Rechts ist für seine Begriffsbestimmung *zwar notwendig, nicht aber hinreichend*. Das Ziel genügt also nicht, um das Recht von anderen sozialen Tatsachen mit vergleichbarem Ziel wie der Moral oder Politik abzugrenzen. Deshalb ist es erforderlich, für die Begriffserklärung auch die notwendigen und spezifischen *Mittel* des Rechts heranzuziehen. Dadurch wird die Definition des Rechts schwierig – eine Schwierigkeit, der schon Kant mit Ironie begegnete, als er schrieb: «*Noch suchen die Juristen nach einer Definition zu ihrem Begriffe vom Recht.*» (Kritik der reinen Vernunft, S. 479).

Eine erste Antwort auf die Frage «Was ist Recht?» lautet für das Recht der Menschen also: Recht ist *menschliches Handeln im weitesten Sinn.* Dann kann es aber nur über sein spezifisches *Ziel* und seine spezifischen *Mittel* verstanden werden. Versucht man, das Verstehen des Rechts entweder auf das Ziel oder auf die Mittel zu beschränken, nimmt man sich die Möglichkeit, das Recht von anderen sozialen Phänomenen abzugrenzen. Eine solchermaßen verengte Perspektive auf das Recht kann uns keine umfassende, philosophische Sicht liefern, sondern allenfalls zur Erkenntnis von Teilaspekten des Rechts beitragen.

In der Geschichte der Rechtsphilosophie hat sich die Auffassung von der Bedeutung des Ziels und der Mittel des Rechts dramatisch gewandelt. Um ein angemessenes Verständnis des Rechts zu gewinnen, ist es erforderlich, sich diesen Wandel vor Augen zu führen:

2. Die Ziele des Rechts: das Gute, die Gerechtigkeit, das Gemeinwohl

Seit Beginn des abendländischen Philosophierens in der Antike wurde das Recht über spezifische *Ziele* von anderen sozialen Phänomenen abgegrenzt. Die *Mittel* zur Erreichung dieser Ziele spielten dagegen bis in die Neuzeit nur eine untergeordnete Rolle.

Für Platon ist sowohl das höchste individuelle Lebensziel als auch das höchste Ziel von Recht und Politik das *Gute*. Die *Gerechtigkeit* ist ein Teil davon. Er bestimmt sie als das Gute *gegenüber Anderen* (Platon, Politeia, 327a1 ff.). Beide Ziele versteht er als ewige, unzerstörbare, überempirische *Formen* bzw. *Ideen*, an denen sich alles menschliche Handeln orientieren muss, um gut bzw. gerecht zu sein. Dabei kommt der Gerechtigkeit nach Platon eine doppelte Rolle zu. Sie ist zum einen *im Kleinen individuelle Tüchtigkeit bzw. Tugend*, zum anderen *im Großen Strukturprinzip* der politischen Gemeinschaft und damit auch Prinzip aller rechtlichen Regelungen. Als individuelle Tüchtigkeit umfasst die Gerechtigkeit die Tugenden der Mäßigkeit, des Muts und der Klugheit. Als Strukturprinzip der politischen Gemeinschaft bestimmt sie vor allem die *Beiträge* jedes einzelnen zu dieser Gemeinschaft. Platons zentrales Prinzip der Gerechtigkeit ist ein solches der *Gerechtigkeit des jeweiligen Beitrags* und lautet: *Jeder soll das Seine tun* (433a ff.: τὰ αὐτοῦ πράττειν). Das heißt: *Jeder soll gemäß seinen Fähigkeiten zur politischen Gemeinschaft beitragen und sich nicht mit allem beschäftigen.* Der Bauer soll also etwa Nahrungsmittel erzeugen, der Zimmermann Schiffe bauen, der Kaufmann Waren vertreiben. Verwaltung und Politik bleiben einer besonders ausgebildeten Gruppe von Beamten (Wächtern) vorbehalten, an deren Spitze *Herrscher mit wissenschaftlicher und philosophischer Ausbildung* stehen sollen (was häufig zu eng als «Philosophenkönige» übersetzt wird). Politik und Recht werden von Platon also in letzter Instanz einer *Expertokratie* anvertraut, welche nach einem sehr langen, straffen und im letzten Abschnitt wissenschaftlich-philosophischen Bildungsgang das Gute sowie Gerechte für die politische Gemeinschaft und damit für jeden einzelnen Bewohner der Polis erkennen kann.

Am Rande seiner Erörterung der Gerechtigkeit erwähnt Platon aber auch schon, dass *keinem das Seine genommen werden darf* (433e f.). Jeder soll überdies im Rahmen der Gerechtigkeit *das Seine haben.* Platon beschränkt sich hier aber auf zwei vage Sätze. Er behandelt die Frage nach der Gerechtigkeit staatlicher Verteilung, also die *Verteilungsgerechtigkeit,* noch nicht eingehender. Und er stellt zwischen den beiden Arten der Gerechtigkeit, der Beitrags- und der Verteilungsgerechtigkeit, noch keinen Zusammenhang her, fordert also nicht, dass die Bürger für ihre Beiträge zur politischen Gemeinschaft auch einen Anspruch auf entsprechende Verteilungsleistungen von ebendieser politischen Gemeinschaft erhalten müssen. In seinem stärker anwendungsorientierten Spätdialog «Nomoi» betont Platon dann allerdings die Notwendigkeit von *Gesetzen* als allgemeinen Regeln der politischen Gemeinschaft.

Aristoteles hat das Gute als oberstes Ziel von Politik und Recht nicht aufgegeben. Aber er interpretiert es anders als Platon. Aristoteles schiebt zwischen das Gute als oberstem Handlungsziel bzw. Wert und die Gerechtigkeit die «*eudaimonia*», also wörtlich das «Haben eines guten Geistes/Dämons», ein (Nikomachische Ethik I 2, 1095a). Das griechische Wort wird häufig – allerdings zu einschränkend – mit «Glückseligkeit» oder «Glück» übersetzt. Nach Aristoteles erstrebt jeder Mensch diese *eudaimonia*. Aber was ist damit genauer gemeint? Die *eudaimonia* des Menschen liegt nach Aristoteles in der Tätigkeit der Seele gemäß ihrer besonderen Tüchtigkeit der Vernunft (I 6, 1098a18 f.). Eine wesentliche Tüchtigkeit bzw. Tugend ist dabei das gute Handeln gegenüber Anderen bzw. in der Gemeinschaft: die *Gerechtigkeit* (V 1 ff., 1129a ff.). Aristoteles unterscheidet zwischen der Gerechtigkeit im umfassenden, *allgemeinen* Sinn der ethischen Berücksichtigung bzw. Behandlung Anderer und der spezifischeren *partikularen* Gerechtigkeit mit dem Ziel der *Gleichheit* (V 5, 1130b6 ff.). Die umfassende, allgemeine Gerechtigkeit kann sich auf alle möglichen Tugenden und Handlungen beziehen, während sich die Gerechtigkeit der Gleichheit auf die *Verteilung von Gütern und Würden* beschränkt. «Gleichheit» bedeutet dabei nicht absolute Gleichheit, sondern verhältnishafte Verteilung nach einem gerechten Maßstab. Aristoteles spricht an einer Stelle auch davon, dass «jeder das Seine haben soll» (V 8, 1133b3: ἔχωσι τὰ αὑτῶν), greift also Platons Gerechtigkeitsprinzip in seiner sekundären Formulierung auf (Rhetorik, 1366b9 ff.). Für Politik und Recht erwähnt Aristoteles weiterhin das Ziel der *Gemeinschaft* bzw. des *Gemeinwohls* (Politik, 1328a36).

In der lateinischen Antike hat Cicero die Gerechtigkeit ebenfalls als Ziel des Rechts bezeichnet (De legibus, I 29). Daneben tritt für die politische Gemeinschaft in noch stärkerem Maße als bei Aristoteles das *Gemeinwohl* (De re publica, I 1, 5, 25). Augustinus hat dann die Notwendigkeit der Gerechtigkeit als Ziel des Rechts in folgende berühmte, naturrechtliche Frage gekleidet: «Was anderes sind also Reiche, wenn ihnen die Gerechtigkeit fehlt, als große Räuberbanden» (De civitate dei, IV 4). Und das «Corpus Iuris Civilis», die Sammlung des Römischen Rechts, die der oströmische Kaiser Iustinian im Jahre 533 n. Chr.

veröffentlichen ließ und die zum wirkungsmächtigsten Rechtsbuch des Abendlandes wurde, beginnt im ersten Teil, den sog. «Institutionen», mit einer Definition der Gerechtigkeit: «Gerechtigkeit ist der unwandelbare und dauerhafte Wille, jedem sein Recht zu gewähren» («Iustitia est constans et perpetua voluntas ius suum cuique tribuendi.»). Die zentrale Gerechtigkeitsbestimmung bei Platon und Aristoteles («Jeder soll das Seine tun»/«Jeder soll das Seine haben») hat sich also in der einflussreichsten Rechtssammlung des Abendlandes niedergeschlagen.

Im Mittelalter definierte dann Thomas von Aquin das Gesetz bzw. Recht im weiten Sinn (lex) als «eine Anordnung der Vernunft für das *Gemeinwohl*, erlassen und öffentlich bekanntgegeben von dem, der die Sorge für die Gemeinschaft innehat» (Summa theologiae, II–I, qu. 90). Das Ziel ist demnach das *Gemeinwohl*, die Mittel die Anordnung und die Bekanntgabe. Aber Thomas nennt in der Folge auch die *Gerechtigkeit* als konkreteres Ziel des positiven Rechts (Summa theologiae, II–II, qu. 57 ff.).

Dieser skizzenhafte Überblick lässt sich zusammenfassen: Für die Rechtsphilosophie der Antike und des Mittelalters waren das Gute, die Gerechtigkeit und das Gemeinwohl in unterschiedlichen Akzentuierungen und Kombinationen das notwendige Ziel und damit die wesentliche Bestimmung des Rechts. Die Mittel spielten dagegen allenfalls eine untergeordnete Rolle.

3. Weniger anspruchsvolle Ziele des Rechts in der Neuzeit

Ab dem sechzehnten und siebzehnten Jahrhundert gingen allmählich die Gewissheiten des christlichen Weltbildes zurück. Parallel dazu schwächte sich auch das angenommene Ziel des Rechts ab: Das Gute, die Gerechtigkeit, das Glück und das Gemeinwohl wurden von vielen Autoren nicht länger als hauptsächliche Ziele des Rechts und der Politik angesehen. Weniger umfassende und damit anspruchsvolle Ziele sowie die Mittel des Rechts nahmen dagegen an Bedeutung zu.

Machiavelli ordnet bereits am Beginn des sechzehnten Jahrhunderts in der Schrift «Il Principe» (entstanden 1513, Erstausgabe 1532) dem Ziel der *Erhaltung der politischen Gemeinschaft*, also der *Staatsräson*, alle anderen politischen und damit auch rechtlichen Ziele unter (Der Fürst, XVIII, S. 96 f.). Thomas Hobbes schlägt dann 1651 ein bereits stark reduziertes, aber immerhin noch spezifisches und einheitliches Ziel von Politik und Recht vor: die Sicherung der *Selbsterhaltung* der Bürger (Leviathan, 17. Kap., 1, S. 131). Jedoch stellt er bei der Bestimmung des Gesetzes bzw. Rechts bereits das Mittel des *Befehls* ins Zentrum (Leviathan, 26. Kap., 1, S. 203). Samuel Pufendorf favorisiert als wesentlicher Vertreter des *Naturrechts* allerdings 1672 wieder gemäß der Tradition bei Platon und Aristoteles das Gute, die Gerechtigkeit und das Gemeinwohl als Ziele des Rechts (Acht Bücher vom Natur- und Völkerrecht, I, VII, § 3, S. 87 ff.). John Locke nimmt 1690 als spezifisches Ziel von Politik und Recht die *Erhaltung des Eigentums* an – und zwar verstanden in einem weiten Sinn, der das Leben und die Freiheit der Menschen einschließt, nicht nur die materiellen Güter (Locke, Zwei Abhandlungen über die Regierung II, §§ 3, 6, 7, 123, 124).

Im 18. Jahrhundert trat dann bei den meisten Denkern das individualistische und aufklärerische Ziel der *Freiheit* in den Vordergrund. Bereits Charles-Louis de Montesquieu nennt in seinem Werk «Vom Geist der Gesetze» von 1748 neben vielen natürlichen und kulturellen Faktoren, welche die Gesetze faktisch und kausal beeinflussen, die *Freiheit* als einziges *Ziel* von Politik und Recht (Buch XI, XII, S. 211 ff.). Und Jean-Jacques Rousseau beginnt das erste Kapitel seines Hauptwerks «Vom Gesellschaftsvertrag oder Prinzipien des Staatsrechts» von 1762 mit den Worten: «Der Mensch ist frei geboren und überall liegt er in Ketten.» (I 1, S. 8 f.) Neben die Freiheit tritt bei ihm aber auch die *Gleichheit* als Ziel. Und zu Beginn seines Buches proklamiert er die Verbindung von Gerechtigkeit und Nutzen.

Johann Gottlieb Fichte sieht 1796 die Freiheit als erste Bedingung selbstbewusster Vernünftigkeit an. Das Recht dient der Vermittlung von Freiheitsansprüchen (Grundlage des Naturrechts nach Prinzipien der Wissenschaftslehre, S. 9 ff.; 17 ff.).

Und Immanuel Kant definiert 1797 das Recht beschränkt und liberal als den «Inbegriff der Bedingungen, unter denen die Willkür des einen mit der Willkür des anderen unter einem allgemeinen Gesetze der Freiheit zusammen vereinigt werden kann» (Metaphysik der Sitten I, § B, S. 230). Auch für Hegel war 1821 wie für Kant und Fichte das notwendige Ziel des Rechts die Freiheit, allerdings nicht im liberalen kantschen Verständnis als äußere Entscheidungs- und Handlungsfreiheit, sondern in einem objektiven und gemeinschaftlichen Sinn: «Der Boden des Rechts ist überhaupt das *Geistige* und seine nähere Stelle und Ausgangspunkt der *Wille*, welcher *frei* ist, so dass die Freiheit seine Substanz und Bestimmung ausmacht und das Rechtssystem das Reich der verwirklichten Freiheit, die Welt des Geistes aus ihm selbst hervorgebracht, als eine zweite Natur, ist.» (Grundlinien der Philosophie des Rechts, § 4, S. 46)

Die englischen Utilitaristen Jeremy Bentham und John Stuart Mill gehen dann am Ende des 18. und im 19. Jahrhundert immer noch von einem spezifischen Ziel des Rechts aus, allerdings in naturalistisch-hedonistisch reduzierter Form: *der Maximierung des Nutzens*, verstanden als kollektive Perfektionierung der individuellen und zufälligen Zustände von Lust und Leid (Bentham, An Introduction to the Principles of Morals and Legislation, Kap. 1, I, S. 1 ff.; 13, I, S. 170 ff.; Mill, Utilitarismus). In seinem Buch «Über die Freiheit» von 1859 erklärt Mill aber auch die Freiheit zum zentralen Ziel der Politik.

4. Die Vervielfachung der angenommenen Ziele im 19. und 20. Jahrhundert

Im Gefolge des wissenschaftlichen Skeptizismus und Positivismus waren die zweite Hälfte des 19. Jahrhunderts und das 20. Jahrhundert durch eine Vervielfachung und zunehmende Verneinung besonderer Ziele des Rechts gekennzeichnet.

Im deutschen Sprachraum definierte etwa Rudolf v. Jhering das Recht mit Bezug auf Mittel, nämlich als *Inbegriff der in einem Staate geltenden Zwangsnormen* (Der Zweck im Recht, S. 320). Norm und Zwang waren für ihn die entscheidenden

Mittel des Rechts. Jhering nannte an einer anderen Stelle allerdings auch noch einen Zweck des Rechts, wenn auch einen sehr relativen und wenig spezifischen: *die Sicherung der Lebensbedingungen der Gesellschaft* (S. 443). In England charakterisierte John Austin 1832 das Recht ganz *rechtspositivistisch* und in der Nachfolge von Hobbes als *sanktionierte Befehle* (The Province of Jurisprudence Determined, S. 12, 21–37).

Als weiterer wesentlicher Vertreter des Rechtspositivismus erwähnt dann auch Hans Kelsen in seiner «Reinen Rechtslehre» von 1934 bzw. 1960 (2. Aufl.) kein notwendiges besonderes Ziel des Rechts mehr, sieht man einmal von dem unspezifischen Ziel der *Handlungsnormierung* ab. In seiner Theorie wird das Recht ausschließlich durch seine besonderen *Mittel* charakterisiert: durch die Herausbildung eines hierarchischen und dynamischen Systems von Normen, welche den jeweils untergeordneten Normen Geltung verleihen, sowie durch die notwendige Anwendung von Zwang.

H. L. A. Hart sieht dann 1961 den entscheidenden Gesichtspunkt des modernen, entwickelten Rechts, das «Herz eines Rechtssystems», ebenfalls nur noch in Mitteln, und zwar in einem System primärer und sekundärer Regeln (Der Begriff des Rechts, S. 120). Nur *en passant* erwähnt er wie Kelsen ein sehr unspezifisches Ziel des Rechts, das viele andere menschliche Handlungen ebenfalls verfolgen, das Ziel der *Handlungsregulierung* (S. 327 f.).

Selbst dieses sehr allgemeine Ziel der Handlungsnormierung bzw. -regulierung wurde jedoch von einigen extrem positivistischen Vertretern des sog. *Skandinavischen Rechtsrealismus* nicht mehr akzeptiert. Für sie dient das Recht nur der quasi-mechanischen *Verhaltensbeeinflussung* (Bjarup, Skandinavischer Realismus, S. 133 ff.). So wie ein umgestürzter Baum die Verkehrsteilnehmer rein tatsächlich dazu veranlasst, eine andere Route einzuschlagen, so soll das Recht rein tatsächlich bestimmte Handlungen bei den Bürgern auslösen.

Als Gegenbewegung findet sich aber auch eine Renaissance antiker bzw. vorneuzeitlicher Ziele des Rechts: Als wichtigster deutschsprachiger Rechtsphilosoph des 20. Jahrhunderts sah

Gustav Radbruch wieder die *Gerechtigkeit* als notwendiges Ziel bzw. «Idee» des Rechts an (Rechtsphilosophie, S. 34 ff.). Die Gerechtigkeit in einem allgemeinen Sinne umfasst seiner Auffassung nach drei Unterziele (S. 54 ff., 73 ff.): (1) die Gerechtigkeit im engeren Sinn formaler Gleichheit, (2) die Zweckmäßigkeit und (3) die Rechtssicherheit. Diese Konkretisierung der Gerechtigkeit ist allerdings zweifelhaft, da einerseits die Zweckmäßigkeit sehr abstrakt und unspezifisch ist und lediglich die allgemeine Eigenschaft der Zielhaftigkeit des Rechts wiederholt, während andererseits die Rechtssicherheit ein relativ konkretes und zudem nur untergeordnetes Zwischenziel bzw. im Vergleich zum Hauptziel der Gerechtigkeit eher ein Mittel darstellt.

Nach dem Zweiten Weltkrieg erlebte Westdeutschland für mehr als ein Jahrzehnt eine *Renaissance des Naturrechts* und damit eine Rückkehr inhaltlich anspruchsvoller, notwendiger Ziele des Rechts, während die Rechtsphilosophie in Ostdeutschland weitgehend marxistisch geprägt war. Dann wurde aber auch die deutsche Diskussion wieder vielgestaltiger. Immerhin folgt aber noch am Ende des 20. Jahrhunderts Arthur Kaufmann seinem Lehrer Radbruch in der Annahme der Gerechtigkeit als notwendigem Ziel des Rechts (Kaufmann, Rechtsphilosophie, S. 135 ff.).

Im angelsächsischen Raum hat John Rawls 1971 in seinem Buch «Eine Theorie der Gerechtigkeit» wieder die Gerechtigkeit als zentrales Ziel der Politik und des Rechts angenommen. Zur Etablierung einer gerechten Gesellschaft sollen in einem fiktiven Urzustand unter einem «Schleier des Nichtwissens» vernünftige, idealtypische Bürger zwei Gerechtigkeitsgrundsätze wählen: (1) Jedermann soll gleiches Recht auf das umfangreichste System gleicher Grundfreiheiten haben, das mit dem gleichen System für alle anderen verträglich ist. (2) Soziale und wirtschaftliche Ungleichheiten sind so zu gestalten, dass (a) vernünftigerweise zu erwarten ist, dass sie zu jedermanns Vorteil dienen (sog. Maximinprinzip/Differenzprinzip), und (b) sie mit Positionen und Ämtern verbunden sind, die jedem offen stehen (Eine Theorie der Gerechtigkeit, S. 81 ff.). Diese beiden Grundsätze der Gerechtigkeit sollen nach Rawls in folgenden vier Stufen realisiert werden: (1) Festsetzung der Gerechtigkeitsgrundsätze im Urzustand, (2) verfassungsgebende Versammlung, (3) Gesetzgebung, (4) Anwendung der gesetzlichen Regeln auf Einzelfälle (S. 223 ff.).

Im Übrigen haben auch in der angelsächsischen Welt einzelne Autoren eine Rückkehr zum Naturrecht propagiert. So formulierte etwa John Finnis 1980 sieben voneinander unabhängige Höchstwerte, die man als notwendige Ziele des Rechts ansehen kann: Leben, Erkenntnis, Spiel, Schönheit, Freundschaft, praktische Vernunft, Religion (Natural Law and Natural Rights, S. 85 ff.).

Auch bei Ronald Dworkin spielen spezifische Ziele des Rechts wieder eine gewisse Rolle. Zunächst hat er die Beschränkung Harts auf Regeln kritisiert und zwischen Regeln und Prinzipien unterschieden. Diese Unterscheidung ist zwar grundsätzlich zunächst nur eine solche der Mittel, denn sie benennt lediglich zwei unterschiedliche Normtypen, Alles-Oder-Nichts-Normen und abzuwägende Normen (Bürgerrechte ernstgenommen, S. 21 ff.). Über die Prinzipien sollen jedoch notwendig *moralische Ziele* Eingang in das Recht finden. Dworkin hat in seinen frühen Arbeiten allerdings kein einzelnes, spezifisches Ziel des Rechts identifiziert. Später rückt er den Wert der *gleichen Berücksichtigung* (equal concern) bzw. der *Gleichheit* ins Zentrum der Ethik, kennzeichnet diesen Wert aber nur als höchstes Ideal der *Politik* bzw. einer *legitimen Regierung,* nicht als notwendiges Ziel des Rechts (Sovereign Virtue, S. 1). In seinem Werk «Law's Empire» führt er dann neben der Gerechtigkeit und der Fairness einen dritten spezifischen Wert bzw. eine dritte spezifische Überzeugung des Gesetzgebers und der Rechtsanwender ein, die *Integrität* im Sinne der Kohärenz des umfassenden Ganzen des Rechts einer Rechtsordnung (S. 166 f., 176 ff.). Allerdings behauptet er nicht, dass dieser Wert bzw. diese Überzeugung der Integrität ein notwendiges Ziel allen Rechts ist. Vielmehr soll es sich nur um ein ethisches «Ideal» der Kohärenz handeln, das von politischen Gemeinschaften, Gesetzgebern und Rechtsanwendern akzeptiert werden *soll.* Würde man die Integrität nicht nur als ethisches Ideal guten und gerechten

Rechts, sondern als notwendige Eigenschaft des Rechts ansehen, so wäre diese These sicherlich auch zu stark. Man kann kaum annehmen, dass alle Kulturen und Gesellschaften das Ziel der Integrität des Rechts als einer Kohärenz des umfassenden Ganzen anstrebten bzw. anstreben, sofern damit mehr als bloße Widerspruchsfreiheit gemeint ist.

Einen Mittelweg zwischen dem positivistischen Verzicht auf ein spezifisches Ziel des Rechts und der nichtpositivistischen bzw. naturrechtlichen Annahme eines solchen spezifischen Ziels hat schließlich bereits 1964 der amerikanische Rechtsphilosoph Lon Fuller eingeschlagen: Er identifiziert acht formale Fehler der Rechtssetzung, deren Vermeidung allerdings eher Mittelcharakter hat: keine Regelbildung, keine Bekanntmachung, Missbrauch rückwirkender Gesetzgebung, Unverständlichkeit, Widersprüchlichkeit, Unfähigkeit der Befolgung durch die Verpflichteten, mangelnde Konstanz, Widerspruch zwischen der Bekanntgabe von Regeln und ihrer faktischen Durchführung (The Morality of Law, S. 39 ff.).

5. Die Mittel des Rechts I: Denken, Sprache, Pflichten/Normen, Regeln

Selbst positivistische Theoretiker, welche anspruchsvollere Ziele des Rechts verneinen, bestreiten ein allgemeines Ziel des Rechts nicht: das Ziel der *Verhaltensleitung von Menschen*, und zwar entweder das Ziel der *Verhaltensnormierung bzw. -regulierung* (Kelsen, Hart) oder zumindest das Ziel der *Verhaltensbeeinflussung* (Skandinavischer Rechtsrealismus). Zur Erreichung des Ziels der Verhaltensleitung notwendig sind nun aber Denken und Sprache. Daraus folgt: Das Recht setzt *notwendig die Mittel des Denkens und der Sprache* ein.

Denken und Sprache allgemein genügen jedoch noch nicht, um das Verhalten anderer Menschen zu leiten. Erforderlich ist überdies eine *bestimmte Denk- und Sprachform*, nämlich die Denk- und Sprachform der *Pflicht* bzw. *Verpflichtung*. *Das Recht muss also notwendig Pflichten bzw. Verpflichtungen als Mittel enthalten, um andere Menschen in ihrem Verhalten zu leiten* (wobei nicht notwendig alle Rechtssätze Pflichten bzw. Verpflichtungen sind). Bloße Wertungen genügen dafür nicht, denn diese sind nicht notwendig verhaltensleitend. Man kann etwas bewerten, ohne sich auf ein fremdes Verhalten zu beziehen, etwa einen Sonnenuntergang als schön bezeichnen.

Aber was sind Pflichten bzw. Verpflichtungen? Sie weisen *drei notwendige Eigenschaften* auf: (1) eine *Notwendigkeit*, (2) des *Handelns*, (3) welche *sinnhaft (gedanklich)* und/oder *kommunikativ* vermittelt ist. Das Recht enthält also in seinen Verpflichtungen *Notwendigkeiten des Handelns, welche sinnhaft und/ oder kommunikativ vermittelt* sind. Betont werden muss aber, dass mit dieser Einsicht noch keine nähere Spezifikation des Rechtsbegriffs erreicht ist, denn auch die Moral, die Konventionen, die Politik, die Religion, die Medizin, Gebrauchsanweisungen usw. sind in diesem Sinne verpflichtend.

In der Dimension der Notwendigkeit des Handelns ist der Begriff der *Norm* gleichbedeutend mit dem Begriff der Pflicht bzw. Verpflichtung. Das hat zur Folge: Wenn das Recht notwendig Pflichten bzw. Verpflichtungen verwendet, so enthält es auch *Normen,* allerdings nur im Sinne dieser Dimension der Notwendigkeit des Handelns. Der Begriff der Norm enthält jedoch noch drei weitere *Dimensionen: die des Faktums sowie der Beschreibung und der positiven Bewertung des Regelmäßigen*, ausgedrückt etwa im Adjektiv «normal». Diese drei zusätzlichen Dimensionen der faktischen Regelmäßigkeit von Normen können Ursache und Folge des Pflichtcharakters des Rechts sein. Aber sie sind für das Recht nicht begrifflich notwendig, da dieses unabhängig von Regelmäßigkeiten erzeugt werden und bestehen kann.

Wegen seiner Normen weist das Recht die Eigenschaft der *Normativität* auf. Worin liegt der Unterschied zwischen den Begriffen Norm und Normativität? *Normen* haben ihre *Realisierung*, also ihre *Wirklichkeit* zur begrifflich notwendigen Voraussetzung, während dies für die *Normativität* nicht gilt. Die Normativität ist also zunächst einmal nur eine bloße *Möglichkeit*, ein *gedankliches Konstrukt*, ein *Ideal*, und kann es auch bleiben. Normen realisieren Normativität. Normativität stellt umgekehrt die Möglichkeit von Normen bereit. Solche Doppelungen zwischen zwei Begriffspaaren, die jeweils die Wirklichkeit und Möglichkeit von etwas implizieren, gibt es viele, etwa Moral und Moralität, Recht und Rechtlichkeit, Verdienst und Verdienstlichkeit, Freiheit und Freiheitlichkeit usw. Man kann die jeweilige begriffliche Implikation natürlich durch entsprechende zusätzliche Prädikate bzw. Merkmale umkehren, also etwa von einer «möglichen Norm» oder einer «realisierten Normativität» sprechen. Aber die Notwendigkeit solcher zusätzlicher Prädikate bzw. Merkmale zur Umkehrung des Wirklichkeits- bzw. Möglichkeitsstatus der Grundbegriffe Normativität und Norm bestätigt gerade den begrifflichen Grundfall der Differenzierung zwischen der *Wirklichkeit*, also der Norm, und der *Möglichkeit*, also der Normativität.

Normen bzw. Pflichten können *einzeln/partikulär* oder *allgemein* verpflichten. Diese Unterscheidung hat einen *doppelten Sinn*, einen *personalen* und einen *sachlichen*. Es gibt also vier Kombinationsmöglichkeiten: *Personal* können Normen eine Einzelperson verpflichten oder mehrere Personen. *Sachlich* können sie sich auf einen Einzelfall oder mehrere Fälle beziehen. Sind Verpflichtungen bzw. Normen *personal einzeln*, so handelt es sich um *Einzelanordnungen*, sind sie *sachlich einzeln*, so handelt es sich um *Einzelfallregelungen*. Kommt beides zusammen, wird man von einer *Einzelanordnung im strikten Sinn* sprechen können. Sind Verpflichtungen bzw. Normen personal oder/und sachlich *allgemein* bzw. *generell*, handelt es sich um *Regeln*. Nur im zweiten Fall, also wenn Normen personal *und* sachlich *allgemein* sind, ist die Regel auch ein *Gesetz*. Das positive Recht kennt alle diese vier Arten von Normen bzw. Verpflichtungen. Richterliche Urteile und Verwaltungsakte sind z. B. Einzelanordnungen bzw. Einzelfallregelungen oder sogar Einzelanordnungen im strikten Sinn. Verordnungen, Satzungen und Parlamentsgesetze stellen dagegen Gesetze dar.

Auch wenn kein Rechtstheoretiker bestreiten würde, dass das positive Recht sowohl einzelne als auch allgemeine Normen verwenden kann und tatsächlich auch verwendet, lässt sich seit dem Ende des 18. Jahrhunderts bei manchen Autoren eine gewisse Betonung bzw. Dominanz der allgemeinen Normen, also der Regeln bzw. Gesetze beobachten. Schon Kant erklärt 1797 in der bereits unter II. 3. zitierten Definition des Rechtsbegriffs die Verallgemeinerbarkeit des Rechts für notwendig. Für John Austin sind es dann 1832 die Regeln, also die allgemeinen Normen, welche den Kern des Rechts und damit den Hauptgegenstand der rechtstheoretischen Disziplin der «Jurisprudence» bilden (The Province of Jurisprudence Determined, S. 31). Auch Friedrich Carl von Savigny hebt 1840 die Allgemeinheit des Rechts hervor (System des heutigen Römischen Rechts, Bd. I, S. 9 f.). Ein Urteil über das einzelne Recht ist nach seiner Auffassung nur möglich durch Beziehung der besonderen Tatsachen auf eine allgemeine Norm. Und H. L. A. Hart erklärt 1961 den Begriff der Regel zum zentralen Element des Rechts und damit zum zentralen Gegenstand der Rechtstheorie (Der Begriff des Rechts, S. 34 ff.).

Die Allgemeinheit ist als soziologische Beschreibung wesentlicher Normen moderner Rechtssysteme (etwa der Verfassung, der Gesetze) sicher zutreffend sowie als ethische, politische und juristisch-methodische Forderung der Verallgemeinerbarkeit einzelner Entscheidungen berechtigt. Aber wesentliche Teile des Rechts, wie partikuläre Verträge, Gerichtsurteile und Einzelerlasse der Repräsentanten der Gemeinschaft, etwa fürstliche Edikte oder Verwaltungsakte, sind partikulär und nicht allgemein und trotzdem Recht. Es erscheint wenig überzeugend, diese Teile zu vernachlässigen, nur weil das moderne Recht den Schwerpunkt tatsächlich zu den allgemeinen Normen verschoben hat und weil es gute ethische, politische und juristisch-methodische Gründe gibt, wichtige Teile des Rechts allgemein zu gestalten (Rechtssicherheit, Gleichbehandlung, demokratische Legitimation usw.).

Es sind primitive Rechtsordnungen möglich, in denen wechselnde Richter bzw. Mediatoren in Interessenkonflikten verbindliche Einzelanordnungen im strikten Sinn treffen, Herrscher bindende Einzelentscheidungen fällen und einzelne Verträge geschlossen werden. Warum das kein Recht oder Recht minderen Rangs sein sollte, ist nicht ersichtlich. Das Recht ist also in einem zweifachen Sinn nicht notwendig allgemein: Es kann nur aus Einzelanordnungen im strikten Sinn bestehen und es kann, sofern allgemeine Normen existieren, auch Einzelanordnungen im strikten Sinn enthalten. Die besondere Betonung der Allgemeinheit bzw. des Regelcharakters des Rechts hängt mit der Suche nach einer übergeordneten Legitimation einzelner Rechtsnormen zusammen, welche im nächsten Abschnitt noch erörtert werden wird. Die Allgemeinheit kann deshalb insgesamt aus einer rechtsphilosophisch-theoretischen Perspektive *nicht* als begrifflich notwendige Eigenschaft des Rechts angesehen werden. Es handelt sich um eine zusätzliche rechtsethische und rechtspolitische Forderung an das Recht.

Wichtig im Hinblick auf allgemeine Normen ist in jedem Fall, zwischen *Regeln* und bloßen *Regelmäßigkeiten* (*Normen in ihrer faktischen Dimension*) zu differenzieren. Akzeptiert eine Gruppe Regeln, die ihr Verhalten leiten, so ist das von bloß regelmäßigem Verhalten zu unterscheiden. Stehen etwa alle Mitglieder dieser Gruppe zufällig zu einer bestimmten Zeit am Morgen auf, so handelt es sich nur um eine faktische Regelmäßigkeit, die als solche beschrieben werden kann, aber keine Notwendigkeit des Handelns, also keine Verpflichtung erzeugt. Halten dagegen alle Mitglieder der Gruppe an einer roten Ampel, weil sie sich dazu verpflichtet glauben, so folgen sie dabei der entsprechenden Anordnung bzw. Regel des Straßenverkehrsrechts. Sie handeln nicht nur regelmäßig, sondern gehorchen einer allgemeinen Verpflichtung bzw. Notwendigkeit des Handelns.

Hart hat versucht, diese Differenz mit Hilfe der Unterscheidung zwischen einer *internen* und einer *externen* Perspektive zu verdeutlichen (Der Begriff des Rechts, S. 109 ff.): Man kann Regeln entweder als Mitglied der verpflichteten Gruppe, also aus einer *internen* Perspektive, oder als Beobachter des regelhaften Verhaltens, der nicht selbst verpflichtet ist, also aus einer *externen* Perspektive, betrachten. Dabei unterscheidet Hart im Rahmen der externen Perspektive noch einmal zwischen der strikt externen Perspektive der bloßen Beobachtung regelmäßigen Verhaltens, etwa des zeitgleichen Aufstehens am Morgen und der gemäßigt externen Feststellung, welche den internen Standpunkt der Akzeptanz durch die Verpflichteten berücksichtigt. Die strikt externe Perspektive lässt nach Hart eine ganze Dimension sozialen Verhaltens außer Betracht, denn für die Verpflichteten ist etwa eine Verkehrsampel nicht nur ein Zeichen, dass regelmäßig angehalten wird, sondern ein Zeichen für sie, anzuhalten, eine Verpflichtung. Die bloße Abschätzung der Wahrscheinlichkeit einer Sanktion entspricht nur der reinen Beobachterperspektive und ist als solche allein unzureichend, weil sie den internen Aspekt missachtet. Die externe Perspektive, welche sich auf die bloße Regelmäßigkeit des Verhaltens beschränkt, blendet die Frage aus, wie die Regeln als Regeln im Leben der Mehrheit der Menschen in der Gesellschaft funktionieren. Die Ampel ist nicht nur *Zeichen* für die folgende Reaktion des Anhaltens, sondern *Grund* für diese Reaktion.

Diese Zurückweisung der Beschränkung der Mittel des Rechts auf eine bloß äußere Perspektive der Regelmäßigkeit ist im Ergebnis überzeugend. Sie reformuliert aber nur den tiefer liegenden Unterschied von bloßer Faktizität und darüber hinaus gehender Verpflichtung. Und sie gilt nicht nur für Regeln, sondern auch für Einzelanordnungen, d. h. für einfache Handlungsverpflichtungen. Sie bedeutet dann nichts anderes als die Anerkennung des notwendigen *Verpflichtungscharakters des Rechts*, d. h. seiner *sinnhaften und/oder kommunikativen Vermittlung einer Notwendigkeit des Handelns*. Diese Notwendigkeit des Handelns kann entweder aus Regelmäßigkeiten erwachsen (etwa beim Gewohnheitsrecht) oder bewusst und gewollt durch Rechtssetzung statuiert werden (etwa beim Gesetzesrecht).

6. Die Mittel des Rechts II: Befehle/Zwang, Normhierarchie, Regelzweistufigkeit, Prinzipien

Theoretiker, welche keines der klassischen inhaltlichen Ziele des Rechts (Gerechtigkeit, Gemeinwohl, Selbsterhaltung, Freiheit usw.) als dessen notwendige Eigenschaft anerkennen, müssen versuchen, die Eigentümlichkeit des Rechts anders zu erklären. Dazu haben sie bestimmte Mittel vorgeschlagen, und zwar unter anderem die folgenden: Befehle/Zwang, Normhierarchie, Zweistufigkeit des Regelsystems sowie Prinzipien.

a) In der englischen Tradition wurden *sanktionsbewehrte Befehle* und in der deutschen Tradition *Zwang* für notwendige Elemente des Rechts gehalten. Versteht man Zwang in einem engen Sinn, so handelt es sich bei diesen beiden Vorschlägen nur um verschiedene Perspektiven auf ein und dasselbe Mittel, und zwar je nachdem, ob man den *Urheber* oder den *Adressaten* in den Blick nimmt, denn sanktionsbewehrte Befehle erzeugen für ihre Adressaten Zwang.

In der englischen Tradition sahen im 17. Jahrhundert Hobbes und im 19. Jahrhundert Austin *Befehle* (commands) im Sinne von sanktionsbewehrten Anordnungen als notwendiges Mittel des Rechts an (sog. Imperativentheorie) (Leviathan, S. 203; The Province of Jurisprudence Determined, S. 10 ff.). Dabei hat Austin durchaus wahrgenommen, dass es im Recht auch sanktionslose Normen gibt, diese aber für ein Randphänomen gehalten (S. 31 ff.).

Hart hat dann gezeigt, dass die Auffassung, das Recht bestehe im Kern aus sanktionsbewehrten Befehlen bzw. Anordnungen, zu eng ist (Der Begriff des Rechts, S. 40 ff.): Inhaltlich gilt erstens, dass etwa privatrechtliche Regeln, welche festlegen, wie gültige Verträge oder Ehen geschlossen oder Testamente abgefasst werden, keine sanktionsbewehrten Anordnungen enthalten. Sie eröffnen den Individuen vielmehr Möglichkeiten, ihre Wünsche zu verwirklichen, indem sie ihnen eine bestimmte rechtliche Macht übertragen. Vergleichbares gilt für Gesetze, welche einer untergeordneten Autorität gesetzgebende Gewalt verleihen. Dies ist auch kein Befehl, sondern wie bei der privatrechtlichen Ermächtigung werden lediglich die Bedingungen der Konformität mit den Regeln festgelegt, vergleichbar der Beschreibung der Zugmöglichkeiten in einem Schachspiel. Sind die Voraussetzungen einer Befugnisnorm nicht erfüllt, so wird keine Pflicht verletzt, sondern es tritt nur die Folge der Anfechtbarkeit bzw. Nichtigkeit der Norm ein. Diese Anfechtbarkeit bzw. Nichtigkeit kann aber einer Sanktion nicht gleichgestellt werden.

Hart weist in diesem Zusammenhang auch Kelsens Auffassung zurück, die rechtlichen Normen wendeten sich nur mit dem Ziel, Sanktionen zu verhängen, an die Behörden bzw. Richter. Dies kann man nicht annehmen, ohne zentrale Unterscheidungen über Bord zu werfen und den spezifischen Charakter des Rechts als Mittel der sozialen Kontrolle zu missachten. Eine Bestrafung ist nicht dasselbe wie eine Besteuerung. Das erste erfordert ein Vergehen und damit einen Rechtsbruch, das zweite nicht.

Die Möglichkeiten des Rechts sind zweitens umfangreicher als von der Imperativentheorie angenommen. Nach dieser müssten sich die sanktionierten Befehle des Rechts immer nur an Externe richten. Aber das ist nicht der Fall. Die moderne Gesetzgebung bindet vielmehr auch den Gesetzgeber bzw. die Mitglieder der gesetzgebenden Körperschaft selbst.

Schließlich kann die Imperativentheorie drittens das Gewohnheitsrecht nicht erklären, welches aber als Recht anerkannt ist. Gegen die Annahme, das Gewohnheitsrecht erhalte seine Geltung durch schweigende Zustimmung der Parlamente, Gerichte und Behörden (sog. Gestattungstheorie) spricht, dass man in modernen Staaten ein entsprechendes Wissen, eine Reflexion und eine Entscheidung dieser rechtssetzenden Organe nicht annehmen kann. Nur sehr selten befassen sich die Parlamente mit Fragen des Gewohnheitsrechts. In vielen Ländern ist das Gewohnheitsrecht zwar durch das Gesetzesrecht revidierbar, also diesem untergeordnet. Daraus lässt sich aber keine Gestattung folgern.

In der deutschen Tradition wurde die Auffassung, das Recht bestehe aus sanktionsbewehrten Anordnungen, vor allem mit Hilfe des *Zwangsbegriffs*, also aus der Perspektive der Wirkung auf den Adressaten formuliert. Danach soll das Recht notwendig mit *Zwang* verbunden sein (v. Jhering, vgl. oben II. 4; Max Weber, Wirtschaft und Gesellschaft, § 6, S. 17; Kelsen, Reine Rechtslehre, S. 34).

Zu einer Beurteilung des Vorschlags, Zwang sei notwendiger Teil des Rechts, ist die genauere Bestimmung des Ausdrucks «Zwang» erforderlich. Interpretierte man «Zwang» erheblich weiter als der Alltagssprachgebrauch und mit Kant als jegliches «Hindernis oder Widerstand, der der Freiheit geschieht» (Metaphysik der Sitten I, S. 231) oder mit Rudolf Stammler als das «selbstherrliche Einfügen eines Willensinhaltes in die Reihe der Mittel für ein anderes Wollen» (Theorie der Rechtswissenschaft, S. 98), dann wäre jede Nichterfüllung des Willens eines anderen durch eine Norm Zwang, weil sie den Betroffenen mit einem Gebot und damit einer Freiheitseinschränkung konfrontiert. In diesem Sinn würde jede Verhaltensverpflichtung Zwang erzeugen, und das Recht wäre dann, da es solche Verpflichtungen notwendig enthält, trivialerweise mit Zwang verbunden.

Im Einklang mit dem allgemeinen Sprachgebrauch haben dagegen Weber und Kelsen den Begriff des Zwangs enger verstanden. Sie haben ihn auf die *Anwendung oder Inaussichtstellung einer psychischen oder physischen Sanktion für die Nichtbefolgung einer Verpflichtung* beschränkt. Nur in dieser engeren Fassung ist die Zwangstheorie identisch mit Hobbes' und Austins Imperativentheorie. Und gegen sie gelten dann die drei oben von Hart vorgebrachten Argumente. Das bedeutet: Nicht alle und nicht einmal die wesentlichen Rechtsnormen müssen Zwangscharakter haben.

Aber gilt nicht wenigstens die schwächere These, dass jedes Rechtssystem als Ganzes unter seinen einzelnen Normen zumindest *auch* Zwangspflichten aufweisen muss? Eine Gemeinschaft, die keiner faktischen Durchsetzung ihrer Rechtsregeln mittels psychischer oder physischer Sanktionen bedarf, ist zwar sehr unwahrscheinlich und würde extrem soziale und friedliebende Menschen voraussetzen. Sie ist aber nicht begrifflich unmöglich. Nur das zufällige Faktum menschlicher Schwäche und Eigennützigkeit erfordert die Sanktionierung und damit zwangsweise Durchsetzung von Rechtsnormen. Zwang ist demnach eine mögliche und wirkliche Dimension des Rechts, nicht aber eine begrifflich notwendige.

b) Kelsen nahm an, dass das Recht notwendig einen *Stufenbau*, also eine *Hierarchie von Normen* darstellt. Der Ausgangspunkt für diese sehr weitreichende Annahme des Rechts als eines Stufenbaus von Normen liegt in Kelsens fundamentaler Voraussetzung eines strikten *Dualismus zwischen Sein und Sollen* (Reine Rechtslehre S. 5 ff.): Danach sollen der Bereich der Tatsachen bzw. Tatsachenurteile und der Bereich der Wertungen und Verpflichtungen *unüberbrückbar getrennt* sein. Die Unterscheidung zwischen Sein und Sollen ist nach Kelsen nicht weiter analysier- oder erklärbar. Sie soll unserem Bewusstsein *unmittelbar gegeben* sein.

Die Normen des Rechts sind nach Kelsen keine Tatsachen bzw. Tatsachenurteile, also kein Sein, sondern gehören dem Bereich des Sollens an. Somit stellt sich die grundlegende Frage, wie wir von den Tatsachen bzw. dem Sein des *subjektiven Wollens* einzelner Rechtssetzer und Rechtsanwender zu diesem *Sollen* der Rechtsnormen gelangen, das Kelsen als *objektiv* erachtet. Unabdingbar ist dafür nach Kelsen ein anderes Sollen, also eine andere übergeordnete Norm als *Deutungsschema* (S. 3 ff.). Nur mit Hilfe dieser anderen, übergeordneten Norm als Deutungsschema kann einer Tatsache, also einem Sein, die spezifische Existenzweise einer Norm verliehen werden. Diese spezifische Existenzweise einer Norm ist ihre *Geltung*. Durch die Beobachtung empirischer Tatsachen, etwa des Abstimmungsverhaltens in einem Parlament, und durch die Berücksichtigung bestimmter Normen, etwa der Normen der Verfassung, können wir nach Kelsen die Erkenntnis gewinnen, dass eine bestimmte empirische Tatsache als Norm gilt. Wir können jedoch zu einer solchen Folgerung über die Geltung einer Norm niemals allein durch die Beobachtung von Tatsachen gelangen. Notwendig ist immer eine übergeordnete Norm, welche der untergeordneten Norm den objektiven Sollenscharakter und damit die Geltung verleiht.

Kelsen führt u. a. das Beispiel zweier Personen an, die Briefe austauschen (S. 2). Das Hinschreiben der Worte und das Austauschen der Briefe ist ein naturgesetzlich bestimmter Vorgang, also eine Tatsache bzw. ein Sein. Mit diesem Vorgang bzw. diesem Sein verbinden die Personen einen subjektiven Sinn. Sie wollen etwa ein Kaufangebot abgeben bzw. annehmen. Diesem einerseits empirischen, andererseits subjektiven Vorgang verleiht nun das Recht einen objektiven Sinn, ein Sollen. Es erklärt den Vorgang zum rechtsgültigen Vertrag. Das Recht bestimmt in diesem Fall den subjektiv gemeinten zum juristischen, d. h. objektiven Sinn dieser Akte und damit zum Sollen.

Auf diese Weise entsteht nach Kelsen im Recht notwendig eine Hierarchie von Akten, die durch weitere Akte, nämlich durch Normen, einen juristisch relevanten, objektiven Sinn und damit den Sollenscharakter bekommen. Schließlich gelangt man zur Verfassung, welche den Akten der Gesetzgebung ihren objektiven Sinn verleiht. Um auch die Verfassung als gedeuteten objektiven Sinn der Normen und damit als Sollen der verfassungsgebenden Personen darzustellen, führt Kelsen eine weitere, höchste Norm ein: die *Grundnorm*. Die Grundnorm ist *keine positiv gesetzte*, sondern nur eine von Rechtswissenschaft und juristischem Denken *vorausgesetzte* Norm, welche die Deutung des tatsächlichen Wollens der Rechtssetzer als Recht überhaupt erst ermöglicht. Im Anschluss an Kant bezeichnet Kelsen die Grundnorm als eine «transzendental-logische Bedingung» (S. 205), also als eine Bedingung der Möglichkeit rechtswissenschaftlichen Denkens. Kant hatte als Bedingungen für die Möglichkeit von Erfahrung die erfahrungsunabhängigen Anschauungen des Raumes und der Zeit sowie die Verstandesbegriffe (Kategorien) angenommen. Kelsen hat die Qualifikation der Grundnorm als transzendental später abgeschwächt und diese nur mehr als hypothetisch oder sogar fiktiv charakterisiert.

Kelsen unterscheidet weiterhin zwischen *dynamischen* und *statischen* Systemen. Bei einem *statischen System* gilt die Norm kraft inhaltlicher Rückführung auf eine höhere Norm. Sie kann inhaltlich aus der höheren Norm abgeleitet werden. Bei einem *dynamischen System* gilt die Norm unabhängig von ihrem Inhalt kraft formaler Ermächtigung durch eine höherrangige Norm, z. B. die Ermächtigung zum Erlass einer Verordnung durch Gesetz, die Ermächtigung zum Erlass eines Verwaltungsaktes durch Verordnung usw. Das Recht ist seiner Meinung nach ein *dynamisches* System, was die ständige Veränderung des Rechts erleichtert, da nicht jede inhaltliche Modifikation auf einer Ebene sofort auf allen Ebenen inhaltliche Veränderungen nach sich ziehen muss.

Wie ist Kelsens Stufenbauthese des Rechts mit der Grundnorm an der Spitze zu bewerten (vgl. von der Pfordten, Rechtsethik, S. 155 ff.)? Eine subjektive Willensäußerung wird dadurch zur Verpflichtung bzw. zur verpflichtenden Norm, dass die Sprachgemeinschaft sie mit Hilfe sprachlicher Konventionen als verpflichtend versteht. Mit Hilfe dieser Sprachkonventionen als Deutungsschema unterscheiden wir Verpflichtungen von Beschreibungen. Stimmen etwa die Mitglieder eines Parlaments alle mit «Ja», so führen sie einen gemeinschaftlichen verpflichtenden Sprechakt aus, weil sie sich auf bestimmte sprachliche Regeln beziehen, die diesem Verhalten eine verpflichtende Bedeutung verleihen. Kelsen hat mit seiner Auffassung zu einem frühen Zeitpunkt ein Grundproblem der sogenannten Sprechakttheorie thematisiert: wie tatsächlichem Verhalten sprachliche Bedeutung zukommen kann. Aber er hat zur Lösung des Problems fälschlich die Deutung durch eine andere Rechtsnorm für notwendig gehalten. Zur Erzeugung eines allgemein verständlichen sprachlichen Sollens genügen jedoch schon *sprachliche* Konventionen. Andere *rechtliche* Normen sind dazu nicht erforderlich.

Wie die Anweisung, die Türe zu schließen, keiner höherrangigen (Rechts-)Norm, sondern nur einer sprachlichen Konvention bedarf, um als verpflichtende Äußerung verstanden zu werden, bedarf auch ein Parlamentsakt keiner anderen Rechtsnorm, um als Verpflichtung interpretiert zu werden. Allerdings kann natürlich eine Rechtsnorm *zusätzlich* auch die Funktion der sprachlichen Konvention übernehmen. Die Äußerungen der Mitglieder eines Parlaments lassen sich etwa durch andere Rechtsnormen als Gesetz deuten. Aber die normative Deutung von Willensakten durch andere Rechtsnormen ist nur *eine* Möglichkeit, nicht die *einzige*, wie Kelsen meint.

Diese sprachkonventionalen Zusammenhänge würde Kelsen vielleicht zugeben, aber einwenden, dass auf diese Weise eben nur ein *subjektiver Sinn*, ein *subjektives Sollen* entstehen könne, nicht aber ein *objektives Sollen* und damit kein Recht. Auch wenn dieser Einwand unzureichend formuliert wäre, weil sprachkonventional vermittelte Normativität nicht nur «subjektiv», sondern *intersubjektiv* zu interpretieren ist, erscheint er doch insofern berechtigt, als mit Hilfe sprachlicher Konventionen tatsächlich kein «objektives Sollen» erzeugt werden kann. Aber die mit Hilfe sprachlicher Konventionen entstandene Intersubjektivität ist das Äußerste, was durch andere Äußerungen bzw. Normen erreichbar ist. Schon die von Kelsen gewählte Problemformulierung eines Dualismus zweier unabhängiger «Existenzbereiche» oder Denkschemata des «Seins» und des «Sollens» ist zweifelhaft. Willensakte, Sprachkonventionen und das sprachliche Verstehen sind Formen einer einzigen Wirklichkeit, die allerdings nicht auf eine bloße Kausaldeutung reduziert werden kann, sondern sinnhaftes und damit verpflichtendes Sprachverhalten einschließt. Der Gegenbegriff zu «Sollen» bzw. «Normativität» als einer verhaltensleitenden Sprechaktform ist also nicht «Sein» bzw. «Faktizität», sondern «Beschreibung» bzw. «Deskriptivität». Normativität bzw. Sollen muss von anderen Typen sprachlicher Äußerungen wie Wertung oder Beschreibung abgegrenzt werden (von der Pfordten, Deskription, Evaluation, Präskription, S. 398 ff.).

Eine höherrangige Rechtsnorm vermag einen subjektiven Willensakt zwar als verpflichtende Rechtsnorm zu deuten. Damit ist aber kein Transfer von «Objektivität» verbunden, denn die höherrangige Rechtsnorm kann nicht mehr transferieren als sie selbst besitzt. Die normative Objektivität müsste also letztlich von der obersten Grundnorm stammen. Wie aber eine bloße Voraussetzung oder Fiktion «Objektivität» erzeugen kann, ist nicht erkennbar.

Die Zugehörigkeit einer Norm zum Rechtssystem kann – dies ist Kelsen zuzugestehen – durch andere Rechtsnormen rechtlich statuiert werden. Nicht überzeugend ist aber Kelsens weitergehende These, eine Inkorporation könne *nur* durch Rechtsnormen erfolgen und dabei müsse es sich *notwendig* um *höherrangige* Rechtsnormen handeln. Neben Art. 76 ff. Grundgesetz spielen zum Beispiel beim Gesetzeserlass das Bundeswahlgesetz und die Geschäftsordnung des Bundestags als *gleich- bzw. niederrangige* Normen eine entscheidende Rolle. Im Übrigen können die zu einem Parlament vereinigten Menschen oder auch ein

Fürst selbständig erklären, ein Gesetz zu beschließen. Kelsen vertritt offensichtlich die Ansicht, eine derartige Selbstdeutung reiche niemals zur Erzeugung von Recht bzw. zur Inkorporation eines Verhaltens in das Rechtssystem aus und sei deshalb immer ergänzungsbedürftig. Dies ist aber zu bezweifeln. Aus rechtsstaatlichen und demokratischen Gründen mag es für jede Rechtserzeugung wünschenswert sein, durch eine rechtliche Ermächtigung legitimiert zu werden. Aber diese rechtspolitische Anforderung darf nicht zur normlogischen Notwendigkeit stilisiert werden. Die Normen nichtkonstitutioneller Monarchen und sonstiger personaler Herrscher wären sonst mangels rechtlicher Ermächtigung nicht als Recht anzusehen. Und wie sollten Revolutionsregierungen jemals Recht erzeugen können? Das erste Gesetz, das sie erlassen, kann nur im Rahmen einer proklamatorischen Selbstdeutung der gesetzgebenden Person bzw. Körperschaft Recht sein. Die französische Nationalversammlung hat etwa schon im Jahre 1789 Recht gesetzt, weil sich die Generalstände selbst zur gesetzgebenden Nationalversammlung erklärten. Allerdings muss natürlich zur Selbstdeutung einer Person oder Körperschaft als verfassungs- oder gesetzgebend auch die faktische Anerkennung dieser Selbstdeutung durch weite Teile der Bevölkerung kommen. Zuzugeben ist, dass eine Verfassung *faktisch statuieren kann*, dass nur Normen, die im Einklang mit der Verfassung erlassen wurden, Teil des Rechtssystems sein sollen, und dass ethisch und politisch vieles für eine derartige faktische Statuierung spricht. Das ist dann aber keine begriffliche Notwendigkeit des Rechts schlechthin, sondern eine veränderbare Regelung des positiven Rechts einer Rechtsordnung.

Kelsens These der Verleihung von Objektivität durch höhere Rechtsnormen an niedere Rechtsnormen impliziert auch deren *Rechtfertigung*. Zu unterscheiden ist dabei allerdings eine bloße *rechtsinterne* Rechtfertigung von Rechtsnormen durch andere Rechtsnormen und eine *rechtsexterne* Rechtfertigung durch rechtsexterne Wertungen oder Normen. Eine *rechtsexterne* Rechtfertigung des Rechts lehnt Kelsen ab, so dass nach seiner Auffassung nur die rechtsinterne Rechtfertigung bleibt, welche letztlich die Grundnorm leisten soll.

Zunächst dürfte kaum zu bestreiten sein, dass eine Rechtsnorm durch eine andere Rechtsnorm in einem rechtlichen Sinne gerechtfertigt werden kann. Warum eine derartige *rechtsinterne* Rechtfertigung durch andere Rechtsnormen aber «objektiv» sein soll, ist nicht einsehbar. Bei der höherrangigen, rechtfertigenden Norm handelt es sich – dies konstatiert Kelsen selbst (S. 5) – wie bei der niederrangigen Norm nur um einen intentional auf das Verhalten Anderer gerichteten menschlichen Akt. Wie soll dieser menschliche Akt ein subjektives Wollen in ein objektives Sollen verwandeln? Er vermag nur die rechtsinterne Legitimation sicherzustellen.

Hinter das Urteil des Richters tritt damit etwa – hierarchisch vermittelt – Stufe für Stufe die gesamte Normhierarchie und auf diese Weise die gesamte Rechtsordnung. Aber damit ist nicht mehr ausgedrückt, als dass der Einzelakt im Lichte der anderen Normen des Rechtssystems legal und legitim ist. Eine *objektive* Richtigkeit wird auf diese Weise nicht erreicht. Dadurch, dass andere Normen einer Norm die formale Geltung bestätigen, wird diese Norm legitimatorisch nicht «objektiver» und kann nicht auf eine andere Wirklichkeitsebene gehoben werden.

Die Rechtfertigung einer Norm durch höhere Normen ähnelt der Situation zweier sich streitender Kinder, sofern eines der Kinder seinen größeren Bruder zur Unterstützung der eigenen Meinung herbeiruft. Die Kohärenz der Meinungen in der Familie mag so erhöht werden. Aber eine «objektive» Richtigkeit wird durch die Bestätigung des großen Bruders nicht erreicht, wenn «Objektivität» mehr heißen soll als «Bestätigung durch eine weitere Willensbekundung». Das scheinbar unterlegene Kind kann die Unterstützung durch den größeren Bruder ebenso anzweifeln wie die ursprüngliche Meinung.

Man kann also die rechtsinterne Legitimation und damit Kohärenz einer Rechtsnorm durch die Ermächtigung seitens anderer Rechtsnormen desselben Rechtssystems erhöhen. Aber in toto hat ein derart vielgliedriges Rechtssystem nicht mehr interne Legitimität als eine einzige Rechtsnorm. Der «Quantensprung» von der Beliebigkeit der Subjektivität zur Objektivität kann mit Hilfe anderer positiver Rechtsnormen nicht gelingen.

Aber selbst wenn man entgegen den bisherigen Überlegungen die rechtsinterne Übertragung objektiver Legitimität von einer Norm auf eine andere zugestehen würde, bliebe das Problem des unendlichen Regresses. Kelsens Grundnormthese changiert hier zwischen einer den transzendentalen Verstandesbegriffen der theoretischen Philosophie Kants angenäherten objektiven Denkkategorie und einer praktischen Fiktion, die man auch verwerfen könnte, wenn man sie nicht zur Legitimation von Rechtsnormen bräuchte.

Im Fall der ersten Alternative ist schon die Normativität der Erkenntniskategorie fraglich. Wie soll eine theoretische Notwendigkeit der Erkenntnis praktisches Sollen erzeugen? Im Übrigen gelingt es Kelsen nicht, die Unverzichtbarkeit dieser Sollenskategorie zu zeigen. Schließlich ist ihre Annahme massiven Metaphysikvorwürfen ausgesetzt. Damit bleibt Kelsen nur die von ihm später ergriffene zweite Alternative der gedanklichen Fiktion. *Nur* wer eine objektive Erklärung und Rechtfertigung des Rechts *will*, *muss* die Grundnorm voraussetzen. Warum die hypothetische Annahme der Grundnorm dann aber objektive Legitimation verleihen soll, ist nicht einsehbar. Wieso soll eine Denkhypothese, die notwendig ist, um objektive Geltung erreichen zu können, diese Geltung tatsächlich realisieren können? Das würde einer Argumentation ähneln, welche die Existenz Gottes als notwendig für die Annahme einer Moral proklamiert und dann im nächsten Schritt die Existenz Gottes im realen Sinn als bewiesen ansieht. Dagegen könnte man einwenden, dass die einfache Rechtsnorm und die Verfassung ja nach ihrem Erlass existieren, also das Bestehen der Grundnorm angenommen werden müsse. Aber die Rechtsnorm und die Verfassung bestehen eben nur als Tatsache. Dieser Bestand als Tatsache kann nicht beweisen, was gerade in Frage steht: dass die Rechtsnorm und die Verfassung nicht nur als Tatsache bestehen, sondern von der Grundnorm als objektives Sollen gerechtfertigt werden.

Überdies gilt: Jede Rechtfertigung setzt zumindest die Möglichkeit der Nichtrechtfertigung, d. h. der Kritik und des Legitimationsentzugs einer normativen Anordnung, voraus. Innerhalb des Rechtssystems wird diese Voraussetzung im Rahmen der Kelsenschen Stufenbautheorie auch erfüllt, denn eine Norm mag einer höherrangigen Geltungsanordnung entsprechen oder nicht entsprechen. Ist die Grundnorm aber notwendige Denkvoraussetzung, so kann sie keine Unterscheidung zwischen Rechtfertigung und Nichtrechtfertigung leisten und bleibt in dieser Hinsicht funktionslos.

Gegenüber Kelsens Reduktionismus, der keine wirklich gehaltvolle Rechtfertigung des Rechts erlaubt und in die zweifelhaften Postulate des notwendigen Stufenbaus des Rechts und der Grundnorm mündet, verdient eine andere Erklärung der Legitimität des Rechts den Vorzug: Neben der rechtsinternen Legitimation durch andere Rechtsnormen (sog. Legalität) *findet jede einzelne Rechtsnorm ein gewisses Maß an rechtsexterner rechtsethischer Legitimität, wenn sie inhaltlich und prozedural zu einer interessengerechten und gut begründbaren Konfliktregelung führt.* Jedes einzelne Gesetz, jede Verordnung, jedes Urteil und jeder Verwaltungsakt inkorporieren somit als sachgerechte Lösung ein Stück externer, rechtsethischer Legitimität (oder Kritik) in die Rechtsordnung. Mit dem Anschluss einer Rechtsnorm an eine andere Rechtsnorm kann dann neben der rechtsinternen hierarchischen Rechtfertigung von oben nach unten auch diese rechtsexterne rechtsethische Legitimität – zumindest teilweise – übertragen werden, wobei die Übertragung bei einem inhaltlichen Anschluss naturgemäß größer ist als bei einem bloß formalen. Die Übertragung rechtsethischer Legitimität von einer Rechtsnorm auf eine andere ist nun aber anders als bei der rechtsinternen Rechtfertigung *nicht ausschließlich* ein *deduktiver* Vorgang von oben nach unten, sondern enthält auch *quasiinduktive* Elemente. Die rechtsethische Legitimität eines gut begründeten Gesetzes wird also nicht nur auf die einzelnen auf ihm basierenden Urteile übertragen, sondern sachgerechte Einzelurteile vermitteln umgekehrt auch dem Gesetz ein gewisses Maß an ethischer Legitimität. Das bedeutet: Weder der Gesichtspunkt der rechtsinternen noch der der rechtsexternen Rechtfertigung macht die Konstruktion einer jenseits der Verfassung liegenden Grundnorm notwendig. Die rechtsinterne Legalität kann bei den obersten Rechtsnormen der Verfassung stehenbleiben. Und die rechtsexterne Rechtfertigung ist nicht auf einen einzigen obersten Hierarchiepunkt konzentriert, sondern dringt über jede einzelne Entscheidung in das gesamte Rechtssystem ein und verteilt sich dort.

Will man eine Metapher verwenden, so balanciert das Rechtssystem legitimatorisch nicht auf der einzigen Nadelspitze der Grundnorm, sondern steht wie ein Tausendfüßler auf allen seinen Füßen, nämlich seinen einzelnen Normen und Entscheidungen, die jede für sich ein Stück weit eigenständig inhaltlich und prozedural rechtsethisch legitim sind und den anderen Normen des Rechtssystems Legitimität vermitteln. Nur so ist im Übrigen erklärbar, dass selbst grundlegende Verfassungsumwälzungen bzw. Revolutionen viele Regelungen des einfachen Rechts sowohl inhaltlich als auch legitimatorisch im Verständnis des anwendenden Rechtsstabs und der Menschen weitgehend unberührt gelassen haben. Der Stufenbau des Rechts und die rechtliche Abhängigkeit allen einfachen Rechts von einer Verfassung sind moderne Forderungen der Politik, der Ethik und der Verfassungen selbst, nicht aber eine begrifflich notwendige Eigenschaft jeden Rechts schlechthin.

c) Hart hat angenommen, dass entwickelte Rechtsordnungen ein *zweistufiges Regelsystem* aus primären und sekundären Regeln bilden. Gesellschaften, in denen nur primäre, also unser Verhalten unmittelbar bestimmende Regeln existieren, sind lediglich als kleine Gesellschaften in einer stabilen Umwelt denkbar. Recht, das aus bloßen Primärregeln besteht, weist folgende Mängel auf (Der Begriff des Rechts, S. 112 ff.): (1) *Relative Unbestimmtheit*: Bei Zweifeln gibt es keine Institution zur autoritativen Festlegung des Inhalts von konkreten Rechtspflichten. (2) *Statik*: Es besteht keine Instanz und kein Verfahren zur Anpassung der primären Regeln an veränderte Verhältnisse. (3) *Relative Unwirksamkeit*: Bei einer Verletzung der Rechtspflichten existieren keine Körperschaft und kein Verfahren zur verbindlichen Feststellung der Verletzung und zur Festlegung einer Sanktion.

Zur Behebung dieser Mängel hat das Recht nach Hart *drei Arten sekundärer Regeln* entwickelt: *Erkenntnisregeln*, *Änderungsregeln* und *Entscheidungsregeln*: Die erste und wesentliche Art dieser sekundären Regeln verkörpert die *Erkenntnisregel (rule of recognition)* eines Rechtssystems. Sie ist das notwendige Mittel, um die anderen Regeln dieses Rechtssystems zu identifizieren, enthält also als höchste, faktisch bestehende soziale Regel die Kriterien zur Feststellung der Existenz bzw. Gültigkeit der Primärregeln. Für Großbritannien lautet die Erkenntnisregel etwa: Was die Königin im Parlament verkündet, ist Recht. *Änderungsregeln* sind Regeln, welche die Anpassung und Modifikation von primären Regeln erlauben, z. B. Regeln, welche eine Kompetenz zur Änderung von Gesetzen übertragen. *Entscheidungsregeln* sind schließlich Regeln, die bestimmten Personen die Befugnis verleihen, im Einzelfall autoritativ zu entscheiden, ob eine Primärregel verletzt wurde, z. B. die Regeln des Richtergesetzes, des Gerichtsverfassungsgesetzes und des Strafgesetzbuches, welche den Strafrichter ermächtigen, verbindlich festzustellen, ob jemand eine Straftat begangen hat.

Harts Konzeption primärer und sekundärer Regeln des Rechts unterscheidet sich von Kelsens Stufenbautheorie der Normen nicht nur durch die Ersetzung des Normbegriffs durch den Regelbegriff. Hart differenziert auch nicht erkenntnistheoretisch und damit fundamental zwischen Sein und Sollen. Den sekundären Regeln kommt somit nicht die Aufgabe zu, den primären Regeln objektive Normativität zu verleihen. Sie dienen nur den soeben erwähnten pragmatischen Funktionen der Erkenntnis, Änderung und Entscheidung. Folglich sind auch keine weiteren Regeln auf einer tertiären Ebene und weiteren Ebenen notwendig, um das Sollen der sekundären Regeln zu sichern. Das Problem des unendlichen Regresses bzw. seine Verhinderung durch die angenommene Grundnorm stellt sich deshalb nicht wie in Kelsens Theorie.

Gleichwohl erhebt sich natürlich die Frage nach der Existenzweise der sekundären Regeln. Nach Hart handelt es sich bei den sekundären Regeln, vor allem der wichtigsten der drei Regeln, der Erkenntnisregel, nicht wie in Kelsens Theorie um eine transzendentale Bedingung, eine Hypothese oder eine Fiktion, sondern um eine *soziale Praxis*, genauer eine *soziale Tatsache der Anerkennung*, v. a. durch die Rechtsanwender, also die Richter, Beamten, aber auch durch Privatpersonen. Diese Tatsache der Anerkennung lässt sich empirisch-soziologisch ermitteln (S. 133).

Wie ist Harts Theorie primärer und sekundärer Regeln zu beurteilen? Zunächst ist festzustellen, dass praktisch alle modernen Rechtsordnungen mittlerweile Normen auf mehreren Ebenen mit den von Hart festgestellten Funktionen etabliert haben. Insofern ist Harts Theorie als soziologische Beschreibung moderner Rechtsordnungen zutreffend. Ist aber mit der Darstellung primärer und sekundärer Regeln faktischer Rechtssysteme ein begrifflich notwendiges Merkmal des Rechts gefunden? Wie bereits angedeutet wurde, hat Hart selbst dies nicht behauptet. Er gesteht zu, dass es primitive Gesellschaften gab bzw. gibt, die keine derartige zweistufige Struktur von Rechtsregeln ausgebildet haben.

Man kann sich etwa eine sehr einfache Stammesgesellschaft vorstellen, in der ohne jegliche systematische Verpflichtung gelegentlich Mitglieder andere, nicht vorherbestimmte Mitglieder darum ersuchen, in einer Meinungsverschiedenheit in formaler, richterähnlicher Art und Weise eine vermittelnde Entscheidung zu treffen. In anderen Fällen lösen Mitglieder dieser Gesellschaft ihre Konflikte mit Hilfe einer kategorisch-formalen Übereinkunft oder hören auf die formalen Verpflichtungen eines Mitglieds. Man würde diese einfachen sozialen Tatsachen bzw. menschlichen Handlungen wohl als Recht ansehen. Aber eine allgemein akzeptierte Erkenntnisregel, welches dieser Phänomene als Recht zu betrachten ist, besteht in derartigen Fällen nicht. Oder man denke an Moses, der, ohne dass ihn eine sekundäre Erkenntnisregel vorher als Gesetzgeber bestimmt hatte, die von Gott empfangenen Gesetzestafeln zum Recht erklärte. Das bedeutet: Die Etablierung von primären und sekundären Regeln ist für das Recht nützlich und in entwickelten Rechtssystemen regelmäßig faktisch-soziologisch festzustellen, nicht aber begrifflich-philosophisch *notwendig*.

Aber ist sie wenigstens *hinreichend*, d. h. können wir annehmen, dass immer dort, wo sich ein System von primären und sekundären Regeln etabliert hat, Recht besteht? Man nehme als Beispiel an, Madame X sei eine zentrale Gestalt im Paris des 19. Jahrhunderts gewesen. Die Regeln, die in ihrem Salon galten, waren seinerzeit die Regeln für alle Angehörigen der oberen Gesellschaftsschicht in ganz Paris, etwa Kleidungs-, Gruß- und Essensnormen. In diesem Fall bestünde ein Zwei-Ebenen-Regelsystem mit einer Erkenntnisregel: Die Regeln, die durch Madame X galten, wurden faktisch als die gültigen Regeln für die Pariser Oberschicht jener Zeit anerkannt. Dieses System ähnelt einem System aus primären und sekundären Regeln, wie es Hart als charakteristisch für das moderne Recht vorgeschlagen hat. Aber wir würden das Regelsystem der Madame X nicht als Recht ansehen, sondern als System gesellschaftlicher Konventionen. Vergleichbares gilt für primäre und sekundäre Regeln für das Verhalten der Mitarbeiter in Unternehmen. Die Beispiele zeigen, dass die Existenz von primären und sekundären Regeln nicht einmal hinreichend für die Annahme eines Rechtssystems ist.

Hart hätte vielleicht eingewandt, dass das System der Madame X kein politisches bzw. staatliches ist. Aber auch die Normen von Religionsgemeinschaften, privaten Vereinen und der Vergabe von Internetdomänen oder Sportorganisationen werden als Recht angesehen, ohne politisch bzw. staatlich zu sein. Und das Völkerrecht ist zwar politisch, nicht aber staatlich.

Hart beschreibt also mit der Zweistufigkeit des Rechts nur eine nützliche und weit verbreitete, aber zufällige Eigenschaft moderner, entwickelter Rechtssysteme, nicht aber eine notwendige und hinreichende begriffliche Eigenschaft des Rechts aller Zeiten und Kulturen. Er schlägt ein Verständnis des Rechts vor, das – in seinen eigenen Worten – auch das einer «beschreibenden Soziologie» sein könnte, ein Verständnis, das als soziologische Erklärung moderner, entwickelter Rechtssysteme nicht unerheblichen Wert hat, eine philosophische Perspektive auf das Recht in all seinen Weltzusammenhängen aber nicht ersetzen kann.

d) Wie bereits unter II. 4 erwähnt wurde, hat Dworkin die Notwendigkeit der Ergänzung von *Regeln* des Rechts durch *Prinzipien* behauptet. Während Regeln *Alles-oder-Nichts-Verpflichtungen* aussprechen, also strikt normieren, sollen Prinzipien eine *Abwägung* erlauben. Bereits Kant hat im Anschluss an das Naturrecht diesen normtechnischen Unterschied als *vollkommene* und *unvollkommene* Pflichten formuliert. Dieser ist sachlich nicht zu bezweifeln. Zweifelhaft ist allerdings, ob man den sehr viel älteren und allgemeineren Begriff des *Prinzips* im Sinne eines *allgemeinen Grundsatzes* (lat. principium, gr. arché) auf diese außerordentlich spezielle normtechnische Alternative strikt gebietender und abwägbarer Verpflichtungen applizieren und damit beschränken soll. Jedenfalls handelt es sich hierbei dann nicht mehr um Prinzipien im klassischen Sinn. Im Grunde ist hier eine Wortneuschöpfung erfolgt.

Weiterhin gilt: Will man das Recht – wofür bereits argumentiert wurde – nicht auf allgemeine Normen im Sinne von Regeln beschränken, so gilt das auch für die Erweiterung durch Prinzipien. Dworkins sehr viel weitergehende These, dass es sich bei den Prinzipien um moralische bzw. ethische Regeln handelt, wird noch kritisiert werden (vgl. II. 11), weil auch bloße Rechtsnormen strikt und abwägbar sein können. Im Übrigen sind die Mittel des Rechts als Regeln und Prinzipien sicher nicht abschließend aufgezählt: Vielmehr gibt es auch Einzelnormen, Institute, Begriffe, Gesetze, Urteile, Verwaltungsakte, Kodifikationen usw. Schließlich – und das ist für die Ausgangsfrage nach den spezifischen Eigenschaften des Rechts entscheidend – ist die Unterscheidung zwischen strikten und abwägbaren Verpflichtungen nicht auf das Recht beschränkt, sondern ebenso in Moral und Konventionen anzutreffen. Umgekehrt lässt sich ein primitives Recht denken, das entweder nur aus strikt gebietenden oder nur aus abwägbaren Verpflichtungen besteht. Damit ist die Unterscheidung zwar vielleicht faktisch häufig in komplexen modernen Rechtsordnungen zu finden, aber weder notwendig noch hinreichend für das Recht.

7. Das notwendige Ziel des Rechts

Ein notwendiges Ziel des Rechts muss zwei Anforderungen genügen: Es kann nicht zu allgemein sein, sonst bleibt es im Vergleich zu anderen menschlichen Handlungen unspezifisch, also ohne unterscheidende Kraft, wie das einzige von Kelsen und Hart akzeptierte Ziel der Verpflichtung menschlichen Verhaltens, das auch Moral und Konventionen aufweisen. Gleichzeitig kann das notwendige Ziel des Rechts jedoch auch nicht zu speziell sein, da es sich um eine unabänderliche Eigenschaft des Rechts aller Zeiten und Kulturen handeln muss.

In einem sehr anspruchsvollen Sinn interpretiert können das Gute, die Gerechtigkeit, die Gleichheit oder das Gemeinwohl kein begrifflich notwendiges Ziel jeden Rechts sein. Denn zum einen wurden und werden diese Ziele sehr unterschiedlich verstanden. Und zum anderen gehen wir davon aus, dass nichtgutes, also schlechtes bzw. nicht-gerechtes, also ungerechtes, bzw. nicht-gleiches, also ungleiches Recht dennoch Recht darstellt. Auch der Diktator, der nur mittelmäßige oder gar schlechte Normen beabsichtigt und erlässt, kann damit Recht setzen.

Die Identifikation eines einheitlichen Ziels des Rechts ist aber notwendig. Man kann das Recht nicht nur über seine Mittel spezifizieren, denn alle vorgeschlagenen Typen von Mitteln können ebenso Mittel nichtrechtlicher Sozialsysteme sein. Auch nichtrechtliche Sozialverhältnisse können Denken, Sprache, Normen, Regeln, Befehle, Zwang, Norm- oder Regelhierarchien sowie Prinzipien im Sinne abwägbarer Verpflichtungen enthalten.

Was ist dann das notwendige Ziel des Rechts? Das menschliche Recht hat – so die hier vertretene These – als notwendiges Ziel und daher als notwendige Eigenschaft *das Ziel der Vermittlung zwischen möglichen gegenläufigen, widerstreitenden Belangen* (vgl. von der Pfordten, Was ist Recht?). Die Verfassung vermittelt etwa zwischen grundlegenden Lebensvorstellungen der Menschen, die Gesetze zwischen unterschiedlichen allgemeinen Belangen, die Urteile der Richter zwischen den Interessen der Parteien im einzelnen Streit, die Verwaltungshandlungen der Beamten zwischen dem besonderen Wollen einzelner Bürger und/oder den Interessen der Allgemeinheit. Man muss also vier Elemente des notwendigen Ziels des Rechts unterscheiden: (1) wenigstens zwei mögliche Belange bzw. Interessen, die (2) möglicherweise gegenläufig sind und bei denen (3) die Möglichkeit eines Widerstreits bzw. Konflikts besteht sowie (4) ihre beabsichtigte tatsächliche Vermittlung. Jedes dieser Elemente bedarf der Erklärung:

(1) *Mögliche Belange/Interessen*: Die Ausdrücke «Belang» und «Interesse» werden hier synonym verwandt. Sie sind nicht egoistisch oder ökonomisch verkürzt zu verstehen. Ein wichtiger Belang ist etwa, die eigenen Kinder auf eine gute Schule zu schicken. Die Belange müssen für die Vermittlung durch das Recht nicht schon wirklich vorhanden sein. Es genügt die bloße *Möglichkeit* ihrer Entstehung, z.B. die Belange zukünftiger Individuen bzw. Generationen als Ausgangspunkt des Vermittlungsziels. Der Begriff Belang bzw. Interesse abstrahiert von konkreteren Eigenschaften der zu berücksichtigenden Entitäten. Vier solcher Eigenschaften immanenter Lebewesen kommen in Betracht: *Strebungen, Bedürfnisse, Wünsche* und *Ziele* (von der Pfordten, Normative Ethik, S. 57 ff.). Diese vier Eigenschaften bilden ein Kontinuum zwischen einer rein körperlichen und einer rein geistigen Bestimmung. *Strebungen* unseres Körpers wie das Immunsystem sind rein körperlich. *Bedürfnisse*, etwa diejenigen nach Schlaf, Essen, Trinken, Wärme und Schutz, sind körperlich, aber willentlich beeinflussbar. *Wünsche* haben nicht selten einen körperlichen Ursprung, sind aber vor allem geistig und können auch vollständig unterdrückt werden, wie der Wunsch, ein Buch zu lesen. *Ziele* sind rein geistig, etwa das Ziel, eine möglichst gute Philosophie des Rechts zu entwerfen. Kollektive und fiktive Entitäten wie juristische Personen können mangels eines Körpers keine Strebungen, Bedürfnisse oder Wünsche entwickeln. Ihnen können nur Ziele zugeschrieben werden, die Menschen als Repräsentanten für sie formulieren.

Belange sind sowohl *subjektiv* als auch *objektiv*. Im Hinblick auf diesen Gesichtspunkt besteht ein weiteres Kontinuum, das besonders in der Bio- und Medizinethik praktisch wird: Man muss zunächst den konkreten tatsächlichen Willen berücksichtigen, also etwa die konkrete Einwilligung zu einer bestimmten medizinischen Behandlung. Ist das nicht möglich, hat man den abstrakten tatsächlichen Willen in Betracht zu ziehen, z. B. das allgemeine Einverständnis, medizinisch behandelt zu werden. Der dritte Schritt wäre die Ermittlung des vergangenen tatsächlichen Willens, z. B. bei einer bewusstlosen, komatösen oder bereits gehirntoten Person im Hinblick auf Rettungsmaßnahmen, allgemein medizinische Eingriffe oder die Aufrechterhaltung der Vitalfunktionen (z. B. im Fall des Erlanger Babys). Ist etwa eine werdende Mutter gehirntot, so hängt die Entscheidung über die Stabilisierung ihres Herz-Kreislauf-Systems zur Rettung des Kindes auch von ihrem vergangenen tatsächlichen Willen ab. Ist ein solcher vergangener tatsächlicher Wille nicht vorhanden oder lässt er sich nicht erkennen, muss in einem vierten Schritt der mutmaßliche Wille der tatsächlich betroffenen Person herausgefunden werden und schließlich in einem fünften und letzten Schritt der hypothetische Wille einer vergleichbaren Person. Hat etwa im soeben erwähnten Beispiel die Schwangere keinen tatsächlichen Willen geäußert, so wird man nach ihrem mutmaßlichen Willen und – sofern dies zu keinem Ergebnis führt – nach dem hypothetischen Willen einer werdenden Mutter in einer vergleichbaren Situation fragen müssen.

Erforderlich für einen rechtlich vermittlungsbedürftigen Belang bzw. ein Interesse ist ein gewisses eigenständiges Gewicht. Dies ist der Grund, warum wir Spielregeln trotz ihrer nicht zu bestreitenden Funktion der Vermittlung zwischen Belangen nicht als Recht ansehen. Das Spiel ist sich selbst genug und hat keine notwendigen externen Zwecke. Die internen Zwecke sind rein spielbezogen, so dass auch die Wünsche und Ziele der Spieler rein spielbezogen sind und deshalb nicht das eigenständige Gewicht rechtlich zu vermittelnder Belange erreichen. Wer ein Spiel ernst nimmt, missversteht den Charakter des Spiels. Deswegen spricht der Schiedsrichter eines Spiels kein Recht, obwohl die Nachsilbe «-richter» die Ähnlichkeit seiner Vermittlungstätigkeit zur Tätigkeit eines wirklichen Richters verdeutlicht. Die Entscheidung eines Schiedsgerichts über finanzielle Forderungen kann dagegen sehr wohl zwischen gewissen Interessen mit eigenständigem Gewicht vermitteln und damit Recht sein.

(2) *Mögliche Gegenläufigkeit*: Die Belange müssen potentiell in irgendeinem Gesichtspunkt gegenläufig, das heißt nicht mit Sicherheit vollkommen übereinstimmend sein. Stimmen sie mit Sicherheit vollkommen überein, so besteht weder die Möglichkeit noch die Notwendigkeit einer Vermittlung durch das Recht. Beispiel für eine mögliche Gegenläufigkeit der Belange: Der Gläubiger will den Kaufpreis, der Schuldner will nicht bezahlen. Wieder genügt die bloße *Möglichkeit* der Gegenläufigkeit, etwa die mögliche Gegenläufigkeit von Belangen lebender Personen untereinander oder mit künftigen Generationen.

(3) *Möglichkeit eines Widerstreits*: Selbst wenn zwei Belange gegenläufig sind, kann ein Widerstreit zwischen diesen Belangen unmöglich sein, was die Möglichkeit und Notwendigkeit der rechtlichen Vermittlung ausschließt, z. B. wenn der Urlauber Sonnenschein will, der Bauer aber Regen. Solange das Wetter nicht lokal beeinflussbar ist, kann es keinen Widerstreit zwischen diesen gegenläufigen Belangen des Urlaubers und des Bauern geben. Eine Vermittlung durch das Recht ist weder möglich noch notwendig.

(4) *Vermittlung*: Die Vermittlung darf im Gegensatz zu den ersten drei Erfordernissen nicht nur möglich sein. Sie muss vielmehr wirklich, d. h. tatsächlich angestrebt werden, da das Recht selbst ja eine Form der Realität ist und nicht nur der Virtualität, d. h. Möglichkeit. Was bedeutet «Vermittlung»? Das Recht hat in der Absicht des Rechtssetzers und seiner tatsächlichen Rechtshandlung eine überlegende, d. h. die gegenläufigen Belange und ihre Träger zumindest *berücksichtigende* Entscheidung zu suchen. Die Vermittlung muss somit nicht das Ziel haben, gut, gerecht, gleich oder gemeinwohlfördernd in einem anspruchsvoll-perfektionistischen Sinn zu sein oder dieses Ziel sogar zu erreichen. Notwendig ist aber die *grundsätzliche wirkliche und ernsthafte Berücksichtigung der Belange der möglicherweise betroffenen Interessenträger*.

Tötungen im Krieg sind deshalb zum Beispiel kein Recht, weil bei derartigen Handlungen in keiner Weise die aktuellen oder möglichen gegensätzlichen Belange der Betroffenen und des Tötenden vermittelt werden. Sie können aber als letztes Mittel der Verteidigung völkerrechtlich erlaubt und möglicherweise ethisch gerechtfertigt sein. Ebenso kann die vollständige Ausgrenzung und Entrechtung von ganzen Teilen der Bevölkerung ihnen gegenüber schon begrifflich kein Recht darstellen. Beim antiken Sklaven«recht» kommt es etwa für eine Qualifizierung darauf an, ob die Belange der Sklaven zumindest in minimaler Form berücksichtigt wurden oder nicht.

Die hier formulierte Anforderung an das Recht zum Zwecke seiner realen und begrifflichen Abgrenzung ist relativ abstrakt und schwach. Das Recht muss nicht die Erfüllung aller oder auch nur zentraler Forderungen der Moral oder Ethik zum notwendigen Ziel haben. Aber es hat ein einziges enges, begrifflich notwendiges Ziel, ohne das eine soziale Tatsache nicht als Recht identifiziert werden kann. Sofern man will, kann man dieses engere Ziel als «*Gerechtigkeit*» in einem abgeschwächten Sinne bezeichnen, vorausgesetzt man verwischt den zentralen Unterschied zu einem viel stärkeren Begriff der Gerechtigkeit als ethischem Maßstab des Rechts nicht, welcher in Kapitel III. noch erörtert werden wird.

Wie lässt sich feststellen, ob ein Handeln tatsächlich diesem Ziel der Vermittlung möglicher gegenläufiger, widerstreitender Belange dient? Das ist eine erkenntnistheoretische und praktische Frage. Wesentliche Quellen der Feststellung sind die empirisch erkennbaren Absichten des Handelnden, sein tatsächliches Verhalten, die praktische Einbettung seines Handelns, etwa die Bezugnahme anderen Rechts auf dieses Handeln und die Akzeptanz der Mitglieder der Gesellschaft, in der das fragliche Handeln stattfindet.

Auch scheinbar rein beschreibende Rechtssätze wie die Festlegung der Farben der Landesflagge oder der Hauptstadt durch Gesetz, Verordnung oder Verwaltungsakt vermitteln zwischen aktuellen oder wenigstens möglichen gegenläufigen, widerstreitenden Belangen. Denn bevor eine Landesflagge oder eine Hauptstadt festgelegt werden bzw. wurden, konkurrieren bzw. konkurrierten nicht selten einige Bürger oder Gruppen mit ihren regionalen und politischen Flaggen bzw. Städten. Die Festlegung führt zur Schlichtung dieser Konkurrenz und verhindert – zumindest wenn sie allgemein akzeptiert wird – weitere Konflikte.

Das hier identifizierte notwendige Ziel des Rechts ist weniger anspruchsvoll als die berühmte Formel, welche Radbruch nach dem Zweiten Weltkrieg in einem Aufsatz formulierte und welche die Gerichte in der Folge zur Beurteilung nationalsozialistischen Rechts heranzogen (Gesetzliches Unrecht und übergesetzliches Recht, S. 216). Diese sog. *Radbruchsche Formel* lautet: «Der Konflikt zwischen der Gerechtigkeit und der Rechtssicherheit dürfte dahin zu lösen sein, dass das positive, durch Satzung und Macht gesicherte Recht auch dann den Vorrang hat, wenn es inhaltlich ungerecht und unzweckmäßig ist, es sei denn, dass der Widerspruch des positiven Gesetzes zur Gerechtigkeit ein so unerträgliches Maß erreicht, dass das Gesetz als ‹unrichtiges Recht› der Gerechtigkeit zu weichen hat. Es ist unmöglich, eine schärfere Linie zu ziehen zwischen den Fällen des gesetzlichen Unrechts und den trotz unrichtigen Inhalts dennoch geltenden Gesetzen; eine andere Grenzziehung aber kann mit aller Schärfe vorgenommen werden: wo Gerechtigkeit nicht einmal erstrebt, wo die Gleichheit, die den Kern der Gerechtigkeit ausmacht, bei der Setzung positiven Rechts bewusst verleugnet wurde, da ist das Gesetz nicht etwa nur ‹unrichtiges Recht›, vielmehr entbehrt es überhaupt der Rechtsnatur.»

Der hier vorgeschlagene Rechtsbegriff verneint weder die Gültigkeit einer Rechtsnorm, wenn der Widerspruch zur Gerechtigkeit «unerträglich» ist (erster Teil der Radbruchschen Formel) noch die Rechtsnatur selbst, wenn von den Rechtssetzern Gerechtigkeit in einem anspruchsvollen Sinn nicht einmal erstrebt wird (zweiter Teil der Radbruchschen Formel). Aber auch wenn die stärkeren Forderungen der Radbruchschen Formel aus einer rechtsphilosophischen Perspektive nicht als notwendige Bedingungen des Rechtsbegriffs angesehen werden können, spricht aus einer ethischen Perspektive vieles dafür, sie in das Gewohnheitsrecht oder das positive Verfassungsrecht eines Landes aufzunehmen. Aus Gründen der Ethik hat das Recht inhaltlich sehr viel mehr anzustreben und zu leisten – nämlich gutes und gerechtes Recht zu sein – als es seine bloß rechtstheoretisch-begriffliche Abgrenzung von anderen sozialen Phänomenen mit Hilfe des schwachen Ziels der Vermittlung gegenläufiger, widerstreitender Belange erfordert. Die stärkeren ethischen Anforderungen an das Recht müssen also sorgfältig von der faktischen bzw. begrifflichen Bestimmung des Phänomens Recht seitens der Rechtstheorie unterschieden werden.

8. Die notwendigen Mittel des Rechts

Mit Hilfe des notwendigen Ziels der Vermittlung möglicher gegenläufiger, widerstreitender Belange lässt sich das Recht von vielen anderen sozialen Handlungen bzw. Tatsachen abgrenzen, etwa der Wirtschaft, der Schule, der Universität usw. Aber manche soziale Handlungen, Tatsachen oder Institutionen haben dasselbe oder zumindest ein ähnliches Ziel. Dies gilt insbesondere für Moral, Politik, Religion und nichtmoralische Konventionen. Von diesen anderen sozialen Tatsachen mit einem gleichen oder ähnlichen Ziel kann sich das Recht nur durch die Verwendung besonderer Mittel unterscheiden. Allerdings sind nicht alle notwendigen Mittel des Rechts zu dieser Abgrenzung tauglich. Das Recht nutzt Mittel, die auch alle anderen sozialen Handlungen, die dem Ziel der Vermittlung möglicher gegenläufiger, widerstreitender Belange dienen, verwenden – schlicht auf Grund der Tatsache, dass die angestrebte Vermittlung sie erfordert. Die beiden wesentlichen derartigen Mittel sind – wie sich unter II. 5 ergab – Denken und Sprache. Es ist schlechterdings nicht vorstellbar, wie zwischen gegenläufigen Belangen ohne Denken und Sprache vermittelt werden könnte. Von den Arten des Denkens und der Sprache gebraucht das Recht alle möglichen, also Beschreiben (Deskription), Bewerten (Evaluation) und Vorschreiben/Verpflichten (Präskription, Normierung, Normen) (von der Pfordten, Deskription, Evaluation, Präskription). Verpflichtungen bzw. Normen sind – wie sich ergab – ein notwendiges Mittel des Rechts, weil die Vermittlung gegenläufiger Interessen ohne Verpflichtung der Interessenträger nicht möglich ist.

Sein verpflichtender Charakter ist aber dem Recht nicht eigentümlich, denn auch alle anderen sozialen Handlungen, die der Vermittlung möglicher gegenläufiger, widerstreitender Belange dienen, sind notwendig verpflichtend. Auch die Moral, die Politik, die Religion und nichtmoralische Konventionen müssen zur Verwirklichung ihres Vermittlungsziels Pflichten einsetzen. Man kommt also nicht umhin, nach weiteren notwendigen Mitteln zu suchen, die spezifisch für das Recht sind. Die entscheidenden Eigenschaften im Vergleich zu anderen sozialen Handlungen sind die folgenden:

(1) Gegenüber *Konventionen* (z. B. Essenssitten): Das Recht enthält nicht nur freiwillige, sondern auch *kategorische Verpflichtungen*, womit Verpflichtungen gemeint sind, die keine konkretfallbezogene Zustimmung der Verpflichteten zur Bedingung haben (was nicht bedeutet, dass alle Normen des Rechts kategorisch sind). Das Recht wird somit – wie die Moral – von bloßen nichtmoralischen Konventionen durch seine partielle, aber notwendige *Kategorialität* abgegrenzt. Von der Mediation unterscheidet sich etwa der Richterspruch durch eben diese Kategorialität (welche allerdings nicht notwendig Zwang im engeren Sinn physischer oder psychischer Sanktionen beinhaltet).

(2) Gegenüber der *Moral:* Das Recht hat in allen seinen Ausprägungen ausschließlich *externe* Quellen und Mittel (etwa Vereinbaren, Erlassen, Anordnen, Richten, Wählen, Veröffentlichen), aber keine rein internen Quellen und Mittel wie das menschliche Gewissen, das eine, wenn auch nicht die einzige Quelle der Moral ist. Von der Moral unterscheidet sich das Recht also durch die notwendige *Externalität* aller seiner einzelnen Ausprägungen.

(3) Gegenüber der *Politik*: Das Recht zeichnet sich in all seinen Manifestationen durch eine gewisse *Formalität* seiner Erzeu-

gung, Verkündung und Anwendung aus, die einfachen politischen Handlungen, z. B. einer außenpolitischen Entscheidung, etwa einer Regel wie der Monroe- oder der Breschnew-Doktrin, nicht eigen ist. Das unterscheidende Merkmal des Rechts, sowohl im Vergleich zur Politik als auch zu ähnlichen sozialen Handlungen, ist also die notwendige *Formalität* aller seiner einzelnen Verpflichtungen, etwa die formale Verkündung des richterlichen Urteils oder die Veröffentlichung des Gesetzes. Diese Formalität des Rechts realisiert seine *Rechtssicherheit*. Die Anforderung der Formalität gilt auch für das Gewohnheitsrecht, das seine Form und damit seine Bestätigung in parlamentarischen, gerichtlichen oder administrativen Verfahren finden muss, ohne durch diese vollständig erzeugt zu werden. Die Formalität der gesetzlichen Ausgestaltung des modernen Vertragsrechts ermöglicht es in heutigen Rechtsordnungen, das Formerfordernis des Vertragsschlusses für einzelne weniger wichtige Vertragstypen zu lockern.

(4) Gegenüber der *Religion*: Selbst ein mögliches göttliches oder transzendent-religiöses Recht bezieht sich immer auf *immanente* Weltverhältnisse der Menschen und ihrer Handlungen. Die Religion hat dagegen als Praxis des Glaubens auch einen Bezug auf ein transzendentes Ziel, etwa das Ziel einer ewigen Seligkeit, einer Wiedergeburt oder zumindest einer ewigen Seelenruhe oder eines ewigen Aufgehens in allem. Demzufolge ist das unterscheidende Merkmal des Rechts gegenüber der Religion seine notwendige *Immanenz* in all seinem Handlungsbezug – zumindest sofern Religion und Recht in der Realität getrennt werden und nicht mehr oder minder ungetrennt bleiben, wie beim altjüdischen und islamischen Recht. Diese vierte Abgrenzung gegenüber der Religion setzt also anders als die drei übrigen Abgrenzungen, welche ohne weiteres begrifflich notwendig sind, eine grundsätzliche gesellschaftliche Entwicklung in Form der Trennung von Recht und Religion voraus.

Insgesamt handelt es sich beim Recht also um ein *soziales Phänomen mit dem Ziel der Vermittlung zwischen möglichen ge-*

genläufigen, widerstreitenden Belangen und den Mitteln der Kategorialität, Externalität und Formalität sowie – falls es von der Religion getrennt ist – Immanenz.

9. Wider einen Reduktionismus der Mittel

Wie sich unter II. 6 ergab, beschränken viele moderne Rechtstheoretiker das Eigentümliche des Rechts auf bloße Mittel. Aber auch innerhalb der Mittel wird noch einmal eine Reduktion auf ein oder zwei spezifische Mittel versucht, etwa auf Befehle/Zwang (Austin), Normen (Kelsen), Regeln (Hart), Normhierarchien (Kelsen), eine Zweistufigkeit von Regeln (Hart), Regeln und Prinzipien (Dworkin; dieser berücksichtigt allerdings auch Begriffe). Nimmt man dagegen wie im vorletzten Kapitel ein spezifisches Ziel des Rechts an, dann besteht keine Notwendigkeit, die Mittel des Rechts auf einen dieser Typen zu beschränken, um das Recht zu charakterisieren. Jedes zur Erreichung des Ziels des Rechts geeignete Mittel ist brauchbar.

Darüber hinaus gibt es weitere Mittel, welche in der internationalen Debatte wegen deren positivistisch-analytischer Prägung eine geringere Rolle spielen, etwa *Begriffe* und *Institute*:

Das Recht ist geprägt durch *Begriffe* wie Menschenwürde, Person, Leben, Handlung, Freiheit, Vertrag, Eigentum, Besitz, Schaden, Fahrlässigkeit, Verwaltungsakt usw. Begriffe sind Werkzeuge, um die Welt zu verstehen. Sie sind Mittel, um die uns umgebenden Phänomene bzw. Gegebenheiten zu unterscheiden. Das Recht statuiert mit ihnen verschiedene Verpflichtungen zum Erhalt oder zur Veränderung dieser Gegebenheiten.

Die Begriffe des Rechts lassen sich nicht einfach auf Elemente von Normen reduzieren. Vielmehr stellt sich die schwierige Frage, was primär ist: Begriffe oder Normen. Manche Vertreter der positivistisch-analytischen Rechtstheorie glauben, dass die Begriffe durch diejenigen Normen bzw. Regeln bestimmt werden, deren Teil sie sind (Alf Ross, Tû-Tû). Aber dieses Bild ist zu einfach. Das Recht übernimmt viele natürliche und soziale Begriffe, etwa Begriffe wie Boden, Luft, Gewässer, Kunst, Wissenschaft, Familie, ohne sie für seine innerrechtlichen Zwecke vollständig zu bestimmen oder auch nur bestimmen zu können. Darüber hinaus formt das Recht einige natürliche und soziale Begriffe in stärkerem Maße für eigene Zwecke um, etwa Begriffe wie Besitz, Eigentum, Vertrag, Schaden, Miete, Kauf usw. Schließlich bildet das Recht eigene rechtstechnische Begriffe, etwa Allgemeine Geschäftsbedingungen, Willenserklärung, Anwartschaftsrecht usw. (von der Pfordten, About Concepts in Law).

Eine Mehrzahl von Normen wird zusammengefasst, um ein *Institut* zu bilden, wie das Institut der Ehe, das Institut des Eigentums oder das Institut der Erbschaft. Diese Institute dienen konkreteren, über das allgemeine Ziel des Rechts hinausgehenden sozialen Zwecken, etwa der Stabilisierung und Förderung der entsprechenden Institution als sozialer Tatsache. Das Recht findet diese sozialen Institutionen vor, gestaltet sie aber auch mit, etwa im Eherecht, im Eigentumsrecht und im Erbrecht. Beide Extrempositionen sind also unzutreffend: Die Institute sind weder vollständig vorrechtlich gegeben noch vollständig rechtlich erzeugt. Es handelt sich vielmehr um soziale Phänomene, die mehr oder minder rechtlich geprägt sind. Somit kommt es darauf an, den vorrechtlichen und den rechtlichen Anteil dieser Institute zu unterscheiden.

10. Recht und entwickeltes Recht

Unter Berücksichtigung der hier vorgeschlagenen Definition des Rechts anhand von Zielen und Mitteln lassen sich drei Arten einfachen Rechts unterscheiden, die bereits das Erfordernis des eigentümlichen Ziels und der spezifischen Mittel des Rechts erfüllen: die formal-kategorische und vermittelnde *Übereinkunft (Vertrag)*, die formal-kategorische und vermittelnde *Verpflichtung* durch eine Gemeinschaft *(Anweisung/Edikt/Ukas)* und die formal-kategorische Vermittlung durch den Richter in einem *Rechtsspruch (Urteil)*. All diese einfachen Formen des Rechts dienen grundsätzlich dem Ziel der Vermittlung zwischen möglichen gegenläufigen, widerstreitenden Belangen. Sie erfüllen überdies alle – so kann man annehmen – in ihren Mitteln die

Erfordernisse der Kategorialität, Externalität, Formalität und – sofern Recht und Religion getrennt sind – Immanenz. Eine formal-kategorische Übereinkunft, also ein Vertrag, vermittelt beispielsweise zwischen den möglichen gegenläufigen, widerstreitenden Belangen der Parteien, die ihn geschlossen haben. Er enthält zumindest teilweise kategorische Verpflichtungen. Er ist ausschließlich extern. Er hat eine Form, etwa den Austausch übereinstimmender Willenserklärungen, den Handschlag, die Schriftform, die Hinterlegung von Urkunden, die Zuziehung von Zeugen usw. Und er ist immanent, sofern Recht und Religion getrennt sind.

Diese drei einfachen Arten des Rechts, die noch heute in primitiven Rechtsordnungen, etwa im Recht urtümlicher Gesellschaften, und im Völkerrecht beobachtet werden können, wurden im Laufe der Menschheitsgeschichte in mehreren Schritten angereichert und komplexer gestaltet. Auf diese Weise hat sich das moderne Recht entwickelt. Die anreichernden Schritte werden hier skizziert, um den Rechtsbegriff besser verstehen zu können. Allerdings ist die nähere Beschreibung und Erklärung dieses, in seinem konkreten Ablauf zufälligen, aber komplexen Prozesses nicht mehr Aufgabe der Rechtsphilosophie, sondern der Rechtsgeschichte, Rechtsethnologie und Rechtssoziologie.

(1)	Formal-kategorische Übereinkunft (Vertrag)	Formal-kategorische Verpflichtung durch eine Gemeinschaft (Anweisung/Edikt/Ukas)	Formal-kategorische Vermittlung durch den Richter (Urteil)
(2)	Gewohnheitsrecht	Formal-kategorische sowie regelhafte Normierung durch eine Gemeinschaft	Präjudizienrecht/ Juristenrecht
(3)		Gesetzesrecht einer Gemeinschaft	
(4)		Verfassungsrecht einer Gemeinschaft	

Bereits auf der ersten Stufe dieser Entwicklung erfordern die drei ursprünglichen Arten des Rechts die Existenz einer *Gemeinschaft* in einem schwachen Sinn: eine Gemeinschaft der Vertragsschließenden, eine politische oder sonstige Gemeinschaft, die verpflichtet und deren Mitglieder die Verpflichteten sind, oder eine Gemeinschaft der Parteien oder Prozessbeteiligten mit dem Richter.

Im Übrigen werden alle einfacheren Arten des Rechts auf der dritten und vierten Stufe mehr oder weniger von den entwickelten, Vorrang fordernden Arten abhängig. Gesetz und Verfassung legitimieren und normieren also den Vertrag, die gemeinschaftliche Verpflichtung und die richterliche Vermittlung durch das Urteil. Jede der komplexeren Arten nimmt regelmäßig für sich einen Primat der Erkenntnis und Normierung gegenüber den Arten auf den vorherigen Stufen in Anspruch, also eine epistemologische und normative Überordnung. Dies geschieht historisch verschieden radikal.

Für den Übergang von der ersten Stufe des einzelnen Vertrags oder Richterspruchs zur zweiten Stufe der allgemeinen Regeln des Gewohnheitsrechts und des Richterrechts steht etwa Savigny. Er definiert – wie sich unter II. 5 ergab – als Rechtsquellen ausdrücklich nur die «Entstehungsgründe des allgemeinen Rechts», also Gewohnheitsrecht, Gesetzesrecht und Juristenrecht bzw. wissenschaftliches Recht, das heißt eine über das Richterrecht hinausgehende Rechtsquelle. Für den Übergang von der zweiten Stufe zur dritten Stufe des Gesetzesrechts lassen sich alle Theoretiker der Notwendigkeit, des Primats oder gar der Ausschließlichkeit des Gesetzesrechts nennen, etwa Montesquieu mit seiner These, der Richter sei nur der «Mund, der die Worte des Gesetzes ausspricht» (Vom Geist der Gesetze Buch XI, Kap. 6, S. 225), bis hin zum Gesetzespositivismus des ausgehenden 19. und beginnenden 20. Jahrhunderts. Zu dieser Gruppe gehört aber auch Hart mit seiner Annahme eines zweistufigen Regelsystems. Für den Übergang von der dritten zur vierten Stufe stehen alle Theoretiker, die eine weitere Hierarchisierung in Form einer Verfassung für notwendig halten, etwa Kelsen.

In den vorhergehenden Abschnitten ergab sich, dass alle diese weiteren Anforderungen der zweiten und höheren Stufen der Rechtsentwicklung zumindest aus einer philosophischen Perspektive *keine notwendigen Eigenschaften des Rechts* sind. Es handelt sich vielmehr um empirische Erscheinungen komplexerer Rechtsordnungen, die allerdings ethisch, politisch und rechtlich gerechtfertigt sein können und es aus den oben genannten Gründen vielfach auch sind.

II. Recht und Moral/Ethik

Wie verhält sich das Recht zu Moral und Ethik? Die moderne Rechtstheorie hat die alte Kontroverse zwischen Naturrecht und Rechtspositivismus folgendermaßen reformuliert: Sind Recht und Moral bzw. Ethik *begrifflich* bzw. *analytisch* und daher *notwendig* verbunden *(Verbindungsthese)* oder sind sie *begrifflich getrennt (Trennungsthese)* und daher lediglich zufällig, das heißt extern kausal und intern durch eine einbeziehende Entscheidung des Rechts verknüpft? Die erste Auffassung vertreten *Anhänger des Naturrechts* und *Nichtpositivisten* wie Finnis, Dworkin und Alexy, die zweite Auffassung *Rechtspositivisten* wie Kelsen, Hart, Raz und Hoerster.

Zur modernen Formulierung dieser Alternative sollte man sich zunächst vor Augen führen, dass sie häufig nicht eindeutig zwischen *Moral* und *Ethik* trennt (wobei im Englischen neben «morals» and «ethics» auch noch «morality» verwendet wird und zur Verunklarung beiträgt). Diese Trennung ist aber unabdingbar notwendig, denn wie soll man ein Verhältnis bestimmen, ohne vorher die in Frage kommenden Relationsglieder präzise ermittelt zu haben? Zur adäquaten Behandlung der Verbindungsfrage muss also klar zwischen Moral (tatsächlich bestehender Moral, positiver Moral) und Ethik (kritischer Moral, moralisches Ideal, Moralphilosophie) unterschieden werden.

Die Moral im Sinne tatsächlich bestehender moralischer Regeln ist zum einen eine *soziale Tatsache*, die beschrieben und erklärt werden kann. Wir können die moralischen Normen und das moralische Verhalten bestimmter Personen in bestimmten

Gesellschaften zum einen empirisch ermitteln, z. B. ihre Wahrhaftigkeit, ihr Wohlwollen und die gesellschaftlichen Beschränkungen ihres Sozialverhaltens, etwa das Verbot oder die Erlaubnis vorehelicher Sexualkontakte oder inzestuöser Verbindungen. Die Normen der Moral leiten unser Handeln zum anderen *direkt* und *primär.*

Die Ethik ist dagegen nicht notwendigerweise eine soziale Tatsache, sondern ein *geistiges Erzeugnis*, ein *Ideal*, ein *Teilgebiet der Philosophie*. Die Ethik leitet unser Handeln *nicht unmittelbar* und *primär*, sondern rechtfertigt und kritisiert die primären Normen der Moral, des Rechts, der Religion, der Politik, der Technik, der Medizin, der Konventionen etc.:

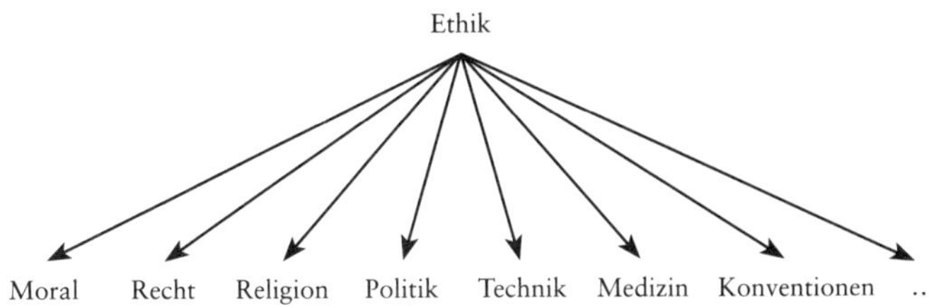

Das Verhältnis zwischen Moral und Recht ist ein *Verhältnis zwischen zwei sozialen Tatsachen.* Dieses Verhältnis kann nur *extern kausal* sowie *intern rechtlich* einbeziehend und daher *zufällig* sein, denn es ist nicht erkennbar, wie reale Tatsachen begrifflich notwendig verbunden sein sollten. Nur insofern besteht eine Ähnlichkeit, als beide sozialen Tatsachen ein inhaltlich vergleichbares Ziel haben. Die Moral folgt – wie sich unter II. 7, 8 ergab – demselben abstrakten Ziel der Vermittlung möglicher gegenläufiger, widerstreitender Belange wie das Recht; nur mit anderen Mitteln. Das Recht tut deshalb gut daran, bei seiner Verwirklichung eventuelle Förderungen oder Widerstände der Moral zu berücksichtigen. Darüber hinaus gibt es aber keine begriffliche Notwendigkeit, das Recht als eigenständige Normordnung inhaltlich an den spezifischen Werten und Verpflichtungen der Moral zu orientieren.

Diese Notwendigkeit kann nur eine *normative Ethik* liefern, also eine Ethik, die als Ideal vom Recht verlangt, sein Ziel und seine Mittel auf eine bestimmte Art und Weise zu konkretisieren, um *gut* bzw. *gerecht* zu sein. Damit ist es das zweite Verhältnis, *das Verhältnis von Recht und Ethik*, das für die Verbindungs- bzw. Trennungsthese des Nichtpositivismus wesentlich ist. Die Frage nach dem Verhältnis von Recht und Ethik reformuliert die Grundfrage der Rechtstheorie nach Phänomen und Begriff des Rechts mit Bezug auf das zunächst einmal begrifflich nichtrechtliche Phänomen der Ethik, also auf einer Metaebene. Deshalb handelt es sich um eine *metaethische* Frage, die bereits zur Rechtsethik überleitet. Die klassische Rechtsphilosophie hat die Frage selten auf einer derartigen Metaebene gestellt. Wie sich unter II. 2 ergab, hat sie vielmehr notwendige Ziele des Rechts vorausgesetzt. Und wenn diese Ziele wie bei den Zielen des Guten, der Gerechtigkeit oder des Gemeinwohls zugleich ethische Ziele waren, so war eine notwendige Verbindung implizit behauptet. Insofern muss man die unter II. 2 erwähnten Theorien von Platon, Aristoteles, Cicero und Thomas fraglos als *nichtpositivistisch* qualifizieren.

Mit der unter II. 3–4 dargestellten Abschwächung der notwendigen Ziele des Rechts in der Neuzeit und Moderne wird die Zuordnung einzelner Theorien zum Nichtpositivismus oder Positivismus allerdings zweifelhafter. Das von Hobbes angenommene Ziel des Einzelnen, sich selbst zu erhalten, kann nicht mehr eindeutig als ethisches Ziel angesehen werden. Gleiches gilt für Lockes Ziel der Sicherung des Eigentums. Auch das im 18. Jahrhundert propagierte Ziel der Freiheit ist per se noch kein ethisches Ziel, zumindest dann nicht, wenn die Freiheit bloß individuell als Handlungs- oder Willensfreiheit verstanden wird. Zusatzannahmen können die Freiheit aber zum ethischen Ziel werden lassen, wie dies bei Kant mit dem Verallgemeinerungsprinzip geschehen ist, oder bei Hegel, bei dem die Freiheit des Rechts objektivierend-ethisch und gemeinschaftlich verstanden wird. Im 20. Jahrhundert ist dann Radbruch – wie sich unter II. 4 ergab – wieder zur Gerechtigkeit als notwendigem Ziel des Rechts und damit zu einer nichtpositivistischen Auffassung des Rechts zurückgekehrt. Allerdings ist sein Begriff der Gerechtigkeit durch den Einbau der Zweckmäßigkeit und Rechtssicherheit inhaltlich weniger festgelegt als derjenige der antiken und mittelalterlichen Autoren.

Alle Theoretiker, welche ein spezifisches Ziel des Rechts verneinen und als kennzeichnend für das Recht nur Mittel ansehen, wie Austin, Weber, Kelsen und Hart, sind dagegen Rechtspositivisten, denn alle vorgeschlagenen Mittel wie Befehl, Zwang, Normen, Regeln und Normen- bzw. Regelhierarchien können das Recht nicht begrifflich notwendig mit der Ethik verbinden, da sie für die Ethik nicht notwendig sind. Das bedeutet: Die Annahme eines eigentümlichen Ziels des Rechts entscheidet über die begriffliche Notwendigkeit der Verbindung von Recht und Ethik.

Oben wurde als notwendiges Ziel des Rechts die Vermittlung zwischen möglichen gegenläufigen, widerstreitenden Belangen festgestellt. Die Aufgabe der Ethik besteht darin, normative Tatsachen wie das Recht im Hinblick auf die Verwirklichung dieses Ziels zu kritisieren und zu rechtfertigen. Insoweit sind Recht und Ethik begrifflich notwendig verbunden. Somit sind Rechtsnormen, die ethisch und rechtlich berücksichtigungsbedürftige Wesen vollkommen unberücksichtigt lassen, diesen gegenüber kein Recht (II. 7). In diesem eingeschränkten Sinn ist die Verbindungsthese also zutreffend. Umgekehrt gilt allerdings im Sinn der Trennungsthese: Ungerechtes Recht, das diese Minimalanforderung der Berücksichtigung anderer Wesen erfüllt, ist faktisch und begrifflich Recht. Die Ethik fordert allerdings, es zu verbessern, also gerechter zu gestalten.

Im 20. Jahrhundert haben einzelne Theoretiker versucht, die begriffliche Verbindung von Recht und Moral bzw. Ethik ohne Annahme eines notwendigen spezifischen Ziels des Rechts zu erweisen. Dworkin hat – wie unter II. 4, 6 erwähnt – gegen Hart geltend gemacht, dass Rechtsordnungen neben Regeln auch Prinzipien enthalten, also neben Alles-oder-Nichts-Geboten auch abwägbare Gebote. Prinzipien werden somit im Gegensatz zu Regeln in ihrer Durchsetzungskraft durch andere Prinzipien beschränkt. Bei jeder Anwendung muss demnach eine Abwägung und Gewichtung der relevanten Prinzipien erfolgen. Aus der Feststellung, dass das Recht aus Regeln und Prinzipien besteht, leitet Dworkin zwei Rechtfertigungen für die These einer *notwendigen Beziehung* von Recht und Ethik ab, eine *strukturtheoretische* und eine *geltungstheoretische* (vgl. Ralf Dreier, Der Begriff des Rechts, S. 105 ff.).

Die *strukturtheoretische* Rechtfertigung argumentiert, dass Prinzipien kraft ihrer Struktur den engeren normativistischen Rechtsbegriff sprengen, weil sie die approximative Realisierung eines ethischen Ideals zur Rechtspflicht erheben. Die *geltungstheoretische* Rechtfertigung besagt, dass die faktische und normativ gebotene Heranziehung solcher Prinzipien die strikte Grenzziehung zwischen rechtlichen Regeln und ethischen Prinzipien durch eine sekundäre Erkenntnisregel unmöglich macht. Harts sekundäre Erkenntnisregel kann als gesellschaftliche Regel zwar Primärregeln als gültiges oder ungültiges Recht auszeichnen, nicht aber Prinzipien.

Zur Beurteilung der *strukturtheoretischen* Rechtfertigung ist festzustellen: Dworkin behauptet zwar, dass seine Thesen nicht nur für das amerikanische bzw. angelsächsische Rechtssystem gelten, aber er bezieht sich selbst überwiegend auf dieses. Im angelsächsischen Recht gibt es weite Bereiche ohne systematische Kodifikation oder Gesetzgebung, die nur durch richterliches Fallrecht geregelt werden. Hat man aber nur einzelne, frühere Fälle als Entscheidungshilfe, so liegt es nahe, zwischen ihnen durch die Bildung von Prinzipien einen Zusammenhang herzustellen. Man kann dies als erste Stufe einer generellen und damit regelhaften Normierung auffassen. Aus der Tatsache, dass die Rechtsform des richterlichen Fallrechts eine solche Hilfe zur Kohärenzbildung benötigt, darf aber nicht geschlossen werden, dies gelte für alle Typen des Rechts, etwa für Rechtsordnungen, in denen Kodifikationen, Parlamentsgesetze und geschriebene Verfassungen vorherrschen und in denen Prinzipien außer in positiven Rechtsnormen keine tragende Rolle spielen und keine eigenständige Rechtsquelle darstellen. Deshalb kann die *strukturtheoretische* Rechtfertigung zumindest für Rechtsordnungen wie die deutsche nicht überzeugen.

Im Übrigen müsste erst einmal erwiesen sein, dass die Prinzipienbildung auf Wertungen beruht, die *nicht* bloße Rechtswertungen des positiven Rechts sind. Die Tatsache, dass die Wertungen von Einzelentscheidungen zu einer allgemeinen Regel geformt werden, garantiert ja nicht, dass diese Regel in irgendeiner Weise als ethische und damit überpositive Regel zu qualifizieren ist. Die Mitglieder einer Räuberbande können es zum Prinzip erheben, täglich einen Überfall zu verüben. Dieses Prinzip mag mit einem anderen Prinzip der Bande kollidieren, etwa einmal in der Woche ein Fest zu feiern, also nicht als Alles-oder-Nichts-Regel anwendbar sein. Dies alles beweist aber nicht, dass entsprechende Prinzipien *ethische* und nicht bloß *rechtliche*, *konventionelle* oder *technische* Prinzipien sind. Aus einem bloßen Strukturunterschied von Normen, also Mitteln, lässt sich nicht auf die ethische Rechtfertigungskraft eines Normtyps schließen. Man kann nicht gleichzeitig auf die Annahme eines anspruchsvollen Ziels des Rechts verzichten und trotzdem eine begrifflich notwendige Verbindung des Rechts mit der Ethik behaupten. Hat man den festen Grund notwendiger Ziele des Rechts verlassen, ist es nicht möglich, sich gleichsam wie weiland Baron Münchhausen am eigenen Schopf aus dem Sumpf der zufälligen und beliebig einsetzbaren Mittel zu ziehen.

Zur *geltungstheoretischen* Rechtfertigung ist zu sagen: Regeln klare Verfassungs- und Organisationsnormen die Erzeugung und Geltung von Gesetzen, so ist für einen zentralen Rechtsbereich die Unterscheidung zwischen rechtlichen Normen und außerrechtlichen Rechtfertigungen eindeutig – sieht man von einer unvermeidlichen, sprachlich bedingten Unschärfe ab. Auch richterrechtliche Regeln können diesen zwei Bereichen zugeordnet werden. Sie bleiben im Normbereich des Rechts, soweit sie sich im Rahmen des möglichen Wortlauts und der Rechtswertungen des positiven Rechts halten. Überdies haben Rechtsordnungen wie diejenige der Bundesrepublik Deutschland einen Großteil der ethischen Prinzipien in ihren Verfassungen normiert und damit als Recht gesetzt. Die Rechtsprechung kann und muss die entsprechenden rechtlichen Wertungen der Verfassung berücksichtigen. Dabei handelt es sich aber um *rechtsimmanente rechtliche* Wertungen und nicht um das positive Recht übersteigende ethische Wertungen. Aber selbst wenn man annimmt, dass die Rechtsprechung in zweifelhaften Fällen faktisch auch auf außerrechtliche Wertungen zurückgreift, ist damit die These der notwendigen Verbindung von Recht und Ethik noch nicht bewiesen. Das tatsächliche Überschreiten der Grenzen des positiven Rechts durch einzelne Rechtsanwender beweist keine begrifflich-analytische Verbindung von Recht und Ethik.

Für das deutsche Recht lassen sich bei der Rechtsfindung wegen Art. 20 III GG vier Schritte unterscheiden, die vier konzentrischen Kreisen gleichen: (1) die Gesetzesanwendung, wenn der Wortlaut der anzuwendenden Norm eindeutig ist, (2) ist dies nicht der Fall, die Gesetzesinterpretation mit Hilfe der Regeln der juristischen Methodenlehre, vor allem der Auslegungs- und Analogieregeln, (3) das Heranziehen immanenter Rechtswertungen der Rechtsordnung, vor allem der Verfassung, (4) die Einbeziehung außerrechtlicher Wertungen. *Faktisch* ist davon auszugehen, dass in immer stärkerem Maße außerrechtliche, d. h. moralische und ethische, aber auch religiöse und politische Wertungen in die Entscheidungsfindung einströmen, je weiter man von Stufe (1) zur Stufe (4) voranschreitet (*deskriptive Diffusionsthese*). Auch *normativ* muss man annehmen, dass die aneinanderstoßenden Normordnungen des Rechts und der Ethik in ihrer Verbindlichkeitskraft abnehmen bzw. zunehmen, je stärker bzw. schwächer die andere Normordnung ist. Dies ist ethisch und rechtlich auch zu befürworten. Wenn weder der Gesetzeswortlaut noch die juristische Methodenlehre sowie die Rechtswerte zu einer Entscheidung führen, dann sollte das Recht als solches bzw. der einzelne Rechtsanwender eher die Heranziehung außerrechtlicher ethischer Wertungen in Kauf nehmen als eine bloße Willkürentscheidung zu treffen (*normative Diffusionsthese*). Recht und Rechtsethik hat man sich also nicht wie zwei glatte, aufeinanderliegende Oberflächen vorzustellen, sondern ethische Wertungen dringen unterschiedlich tief und stark in das Recht ein.

Da die Stufen (1)–(3) genuin rechtlich bestimmt sind, kann

der Vertreter der Verbindungsthese mit seinem Prinzipienargument allenfalls auf die vierte Stufe der Rechtsanwendungskreise verweisen. Er kann aber seine These weder dadurch stützen, dass es faktisch eine solche Begründungsstufe in Urteilen gibt, denn Faktizität ist zufällig und beweist somit keine begriffliche Notwendigkeit, noch dadurch, dass er die Erforderlichkeit einer solchen vierten Stufe behauptet, denn dies ist lediglich eine mögliche Umformung der analytischen Verbindungsthese. Die analytische Verbindungsthese wäre nur bewiesen, wenn es zu zeigen gelänge, dass der Rechtscharakter einer Normordnung aufgehoben wäre, wenn auf die Stufe (4) verzichtet würde, sei dies auf eine normative Anweisung hin oder nicht. Dies kann aber als analytische These gar nicht mit Verweis auf tatsächliches Verhalten gezeigt werden.

Man kann das Prinzipienargument auch noch auf einer grundlegenderen normlogischen Ebene anzweifeln. Jede Verpflichtung bzw. jede Norm enthält sowohl in ihrem beschreibenden Voraussetzungsteil als auch in ihrem verpflichtenden Gebotsteil ein striktes und ein graduell-relatives Element. Nur im Rahmen des tatsächlichen Sprachgebrauchs kann eines dieser Elemente im Einzelfall als unsinnig oder kontraproduktiv ausgeschlossen werden. Man denke sich folgendes Beispiel: Jemand bittet einen Freund unter der Voraussetzung, dass es noch vier Eier gibt, vier Eier beim Händler zu besorgen (striktes beschreibendes und verpflichtendes Element). Dies impliziert normalerweise, dass er auch ein, zwei oder drei Eier kaufen soll, wenn nur noch ein, zwei oder drei Eier vorhanden sind (graduell-relatives beschreibendes und verpflichtendes Element). Die letzten beiden graduell-relativen Elemente der Bitte werden nur geäußert, wenn zu erkennen gegeben wird, dass man ausnahmsweise genau vier Eier braucht (etwa für ein Omelette) und mit zweien nichts anfangen kann. Im Regelfall («Vier Eier oder weniger!») enthält dieses Gebot also im Voraussetzungsteil und im Rechtsfolgeteil eine strikte sowie eine graduelle Beschreibung und Verpflichtung. Im Ausnahmefall («Nur genau vier Eier!») ist die graduelle Beschreibung und Verpflichtung im Voraussetzungs- und im Rechtsfolgeteil aufgehoben. Es gibt nun auch Normen, die nicht erst durch eine zusätzliche Sprachhandlung eingeschränkt werden müssen, sondern schon inhaltlich strikt, also nach dem Alles-oder-Nichts-Prinzip gefasst sind. Die Bitte an den Freund, unter der Voraussetzung, dass der Händler offen hat, einzukaufen, wäre ein solches Gebot. Ein Händler kann zu einem bestimmten Zeitpunkt nur offen haben oder nicht offen haben. Eine graduelle Abstufung ist nicht möglich.

Die zweifelhafte Annahme Dworkins und mancher Anhänger der Regeln-/Prinzipienunterscheidung besteht nun darin, zu glauben, der soeben erläuterte abstrakte sprachfunktionale bzw. normlogische Sachverhalt führe zu unterschiedlichen *Normordnungen* und diese seien mit Recht und Ethik bzw. Moral zu *identifizieren*. Hiergegen muss man einwenden: Es kann selbstverständlich auch ethische bzw. moralische Normen geben, die strikt gebieten, wie dies Kant etwa für das Verbot der Lüge annahm. Und es kann Rechtsnormen geben, die graduelle Abstufungen zulassen, etwa einzelne Verfassungsnormen. Der Zusammenhang zwischen den beiden Normcharakterisierungen strikt/graduell und Recht/Ethik ist also ein zufälliger, kein analytischer und damit kein begrifflich notwendiger. Zuzugeben ist nur eine gewisse statistische Häufung: Rechtsnormen werden häufiger strikt gebieten, weil sie stärker ins Detail gehen und weil jeder Rechtsetzer im Zweifel wahrscheinlich die präzisere Formulierung wählen wird. Ist dies nicht möglich, wird er eher die strikte Formulierung bevorzugen, welche im Zweifel auch die Abwägung eröffnet, als sich von vornherein auf die Abwägung zu beschränken. Ethische Rechtfertigungen sind dagegen abstrakter. Zwischen ihnen wird es häufiger zu Kollisionen kommen, welche eine Abwägung notwendig machen. Aus dieser statistischen Häufung kann aber nicht auf eine begrifflich-analytische Verbindung beider Merkmale und damit auch nicht auf eine begrifflich-analytische Verbindung von Recht und Ethik geschlossen werden.

Alexy hat für die Verbindungsthese weiterhin geltend gemacht, dass das Recht einen «Anspruch auf Richtigkeit» erhebe, was vom Standpunkt des Beobachters für das Rechtssystem als Ganzes und vom Standpunkt des Teilnehmers sowohl für das Rechtssystem als Ganzes als auch für einzelne Normen die analytische Verbindungsthese beweisen soll (Begriff und Geltung des Rechts, S. 62 ff.). Aber ein *Anspruch* wird immer gegenüber einem *Anderen* erhoben; und zwar mit dem Ziel, diesen Anderen zu einem bestimmten Verhalten zu bewegen, etwa zu *Zustimmung*, *Befolgung*, *Anerkennung*, *Respekt* etc. «Richtigkeit» ist demgegenüber kein mögliches Verhalten eines angesprochenen anderen Menschen, sondern die Substantivierung einer janusköpfigen Verbindung aus Wertung und Beschreibung auf einer Metaebene. Wir beurteilen Normen oder Handlungen als «richtig». Als Beispiele für einen Verstoß gegen den notwendigen «Anspruch des Rechts auf Richtigkeit» nennt Alexy etwa die Verfassungsnorm «X ist eine souveräne, föderale, ungerechte Republik» oder das richterliche Urteil «Der Angeklagte wird, was falsch ist, zu lebenslanger Freiheitsstrafe verurteilt.» (S. 65, 68) Aber es ist klar, dass das Recht als Normordnung wie alle Normordnungen immer auch eine positive Wertung impliziert, gegen die sich die explizite Äußerung nicht richten darf, da sonst ein Widerspruch entsteht. Diese implizit positive Wertung gilt nun aber für alle Sprechakte der Verpflichtung und beweist keine notwendige Verbindung zur Ethik. Steht in der Gebrauchsanweisung für ein technisches Gerät «Betätigen Sie zunächst den Netzschalter, was falsch ist», so ist das ebenfalls widersprüchlich. Es handelt sich aber nur um einen Widerspruch der impliziten und expliziten Bewertung technischer Regeln, nicht um einen Widerspruch zu ethischen Normen.

Einige Vertreter des Positivismus haben Dworkins Kritik an der Beschränkung der möglichen Mittel des Rechts auf Regeln sowie dessen Ergänzung um Prinzipien normtheoretisch akzeptiert – was ja in der Sache angesichts der bis zumindest auf Kant und das Naturrecht zurückreichenden Tradition von vollkommenen und unvollkommenen Pflichten auch naheliegt. Sie haben jedoch Dworkins Schlussfolgerung einer begrifflich-analytischen Verbindung von Recht und Ethik zurückgewiesen. Die Verteidigung der positivistischen Überzeugung einer Trennung von Recht und Ethik erfolgt auf zwei Wegen: Je nachdem, ob es als möglich angesehen wird, die Prinzipien als Teil des Rechts aufzunehmen oder nicht, wird ein sog. *inklusiver* oder *exklusiver Rechtspositivismus* vorgeschlagen:

Nach Auffassung der Vertreter des *inklusiven Rechtspositivismus* spricht nichts gegen die Annahme, die Erkenntnisregel Harts integriere auch moralische und ethische Normen in das Recht. Sie werden dann durch die Einbeziehung zu Rechtsnormen (Himma, Inclusive Legal Positivism; Hart, Postskriptum, Der Begriff des Rechts, S. 315 ff.). Damit sei aber die analytische Verbindungsthese nicht bewiesen und der Rechtspositivismus nicht widerlegt, weil dies nur faktisch geschehe und keine begrifflich-analytische Notwendigkeit impliziere.

Joseph Raz und sein Schüler Andrei Marmor vertreten dagegen einen *exklusiven Rechtspositivismus*, wonach das Recht die außerrechtlichen Regeln von Moral und Ethik nicht aufnimmt. Raz hat geltend gemacht, das Recht sei eine autoritative Institution, und zwar in doppelter Hinsicht (Ethics in the Public Domain, Kap. 9): Zum einen soll es eine de-facto-Autorität sein, zum anderen fordert es auch legitime Autorität. Welche Normen können nun legitime Autorität in Anspruch nehmen? Dafür gibt es zwei Bedingungen: Zum einen müssen ihre Verpflichtungen als solche identifizierbar sein, ohne sich noch einmal auf die Gründe zu stützen, die durch sie ersetzt werden sollen. Ansonsten kann die Autorität ihre praktische Funktion nicht erfüllen. Autoritäten sind dazu da, eine praktische Differenz zu bewirken. Und das können sie nicht, wenn die Verpflichtung nicht als solche erkannt werden kann. Zum anderen muss die Autorität in der Lage sein, eine Meinung darüber zu bilden, wie die unterworfenen Subjekte sich verhalten sollen, und zwar unabhängig von den eigenen Überlegungen der Subjekte, wie sie sich verhalten wollen. Es muss personale Autorität vorhanden sein. Ohne Autor kann es keine Autorität geben. All das schließt nach Raz die Aufnahme außerrechtlicher Wertungen der Ethik und Moral in das Recht aus.

Nach Marmor soll das Recht dadurch gekennzeichnet sein, dass konventionelle Regeln soziale Tatsachen als Quellen des Rechts bestimmen (Exclusive Legal Positivism, S. 106 ff.). Die Erkenntnisregel moderner Rechtssysteme legt fest, wie Recht erzeugt wird. Warum sollten diese Konventionen dann nicht erlauben, Recht durch ein ethisches oder politisches Argument zu schaffen oder zu ergänzen? Die Antwort Marmors lautet: Das kann nicht der Fall sein, denn es gibt insofern nichts, was Konventionen erzeugen könnten. Konventionen können die Verpflichtung, dass Menschen ethisch oder moralisch handeln sollen, nicht konstituieren. Politik, Ethik, Moral und vergleichbare Überlegungen beruhen auf unserer praktischen Vernunft, ohne in ihren Gründen durch Konventionen bestimmt zu werden. Die Konventionen erzeugen somit das Recht als soziale Praxis, anders als im Fall der Politik, Ethik und Moral. Dies soll eine konventionelle Aufnahme von Politik, Ethik und Moral in das Recht ausschließen.

Zusammengefasst gibt es in dieser Debatte also drei große Lager:

Prinzipien der Moral/ Ethik als notwendiger Teil des Rechts: **Nichtpositivismus**	Prinzipien der Moral/Ethik als möglicher Teil des Rechts, falls vom Recht normiert: **inklusiver Rechtspositivismus**	Prinzipien der Moral/ Ethik unmöglich Teil des Rechts: **exklusiver Rechtspositivismus**
Ronald Dworkin, Robert Alexy	*H. L. A. Hart im Postscriptum, Jules Coleman, Kenneth Himma*	*Hans Kelsen, Joseph Raz, Andrei Marmor*

Nach der hier vertretenen Auffassung leidet die ganze Debatte grundsätzlich an zwei Mängeln der Problemformulierung und ist deshalb eine Scheindiskussion. Zum einen wird häufig nicht zwischen Ethik und Moral unterschieden. Zum zweiten wird die positivistische Reduktion der spezifischen Eigenschaften des Rechts auf Mittel, nämlich die Mittel der Regeln bzw. Regeln und Prinzipien teilweise auch von Nichtpositivisten akzeptiert. Die Frage nach dem Verhältnis von Recht und Ethik lässt sich dagegen nur adäquat stellen und beantworten, wenn man auch die Ziele des Rechts berücksichtigt, weil es sowohl dem Recht als auch der Ethik wesentlich um Ziele geht, nicht um die zur

Erreichung dieser Ziele eingesetzten Mittel. Nur mit Bezug auf die notwendigen Ziele kann deshalb die oben erwähnte schwache Verbindung der notwendigen Berücksichtigung aller Individuen mit Belangen begründet und verstanden werden.

12. Die Radbruchsche Formel

Die Auseinandersetzung zwischen Positivismus und Nichtpositivismus um den Einschluss ethischer Maßstäbe in den Rechtsbegriff ist kein bloß akademisches Problem. In Deutschland stellte sich sowohl nach der Befreiung vom NS- als auch vom SED-Regime die Frage, wie man mit extrem ungerechten, verbrecherischen Normen umgehen sollte. Umstritten war etwa, ob sich ein Angeklagter im Strafverfahren auf eine Pflicht zur Erschießung von Deserteuren ohne Standgerichtsverfahren oder den Schießbefehl an der innerdeutschen Grenze als Rechtfertigungsgrund berufen kann. Radbruch hatte vor dem zweiten Weltkrieg in einer berühmten Passage seiner «Rechtsphilosophie» von 1934 den Richtern (und nur diesen, nicht den einfachen Bürgern und sonstigen Rechtsanwendern!) die Anwendung selbst sehr ungerechten Rechts aufgetragen (S. 84 f.): «Für den Richter ist es Berufspflicht, den Geltungswillen des Gesetzes zur Geltung zu bringen, das eigene Rechtsgefühl dem autoritativen Rechtsbefehl zu opfern, nur zu fragen, was Rechtens ist, und niemals, ob es auch gerecht sei. Man möchte freilich fragen, ob diese Richterpflicht selbst, dieses sacrificium intellectus, diese Blankohingabe der eigenen Persönlichkeit an eine Rechtsordnung, deren künftige Wandlungen man nicht einmal ahnen kann, sittlich möglich ist. Aber wie ungerecht immer das Recht seinem Inhalt nach sich gestalten möge – es hat sich gezeigt, dass es einen Zweck stets, schon durch sein Dasein, erfüllt, den der Rechtssicherheit. Der Richter, indem er sich dem Gesetz ohne Rücksicht auf seine Gerechtigkeit dienstbar macht, wird also trotzdem nicht bloß zufälligen Zwecken der Willkür dienstbar. Auch wenn er, weil das Gesetz es so will, aufhört, Diener der Gerechtigkeit zu sein, bleibt er noch immer Diener der Rechtssicherheit. Wir verachten den Pfarrer, der gegen seine

Überzeugung predigt, aber wir verehren den Richter, der sich durch sein widerstrebendes Rechtsgefühl in seiner Gesetzestreue nicht beirren lässt; denn das Dogma hat nur als Ausdruck des Glaubens, das Gesetz aber nicht nur als Niederschlag der Gerechtigkeit seinen Wert, sondern auch als Bürgschaft der Rechtssicherheit, und vornehmlich als solches ist es in die Hand des Richters gegeben.»

In der Weimarer Republik war diese Auffassung angesichts vieler noch im Kaiserreich sozialisierter Richter geeignet, die Gesetzesbefolgung sicherzustellen. Aber sie konnte auch zu blindem Rechtsgehorsam nach dem Prinzip «Gesetz ist Gesetz», also zur Anwendung verbrecherischer Gesetze führen. Zudem fehlt in der zitierten Passage die wesentliche Unterscheidung zwischen einer rechtlichen und einer ethischen Pflicht zum Rechtsgehorsam.

Auf Grund seiner Erfahrung mit den nationalsozialistischen Verbrechen hat Radbruch seine Meinung zur Pflicht der Richter zur Gesetzesbefolgung geändert und die oben bereits im Wortlaut zitierte Radbruchsche Formel vorgeschlagen (II. 7). In ihr lassen sich drei Stufen des Umgangs mit ungerechtem Recht unterscheiden:

(1) Recht, das nur *inhaltlich ungerecht* ist, bleibt geltendes Recht.

(2) Recht, bei dem der Widerspruch zur Gerechtigkeit aus einer objektivierenden Perspektive ein «*unerträgliches Maß*» erreicht, verliert als «unrichtiges Recht» seine Geltung. Es wird also nach wie vor faktisch bzw. begrifflich als Recht qualifiziert, *gilt* aber nicht mehr und darf deshalb vom Richter nicht mehr angewandt und befolgt werden.

(3) Verpflichtungen, bei denen Gerechtigkeit *nicht einmal subjektiv erstrebt wird*, wo also der Verpflichtende nicht einmal die Absicht hat, gerechtes Recht zu schaffen, *entbehren überhaupt der Rechtsnatur*. Ihnen fehlt nicht nur die Geltung, wie einem Gesetz, das noch nicht in Kraft oder außer Kraft getreten oder wegen seiner unerträglichen Ungerechtigkeit ungültig ist. Sie sind vielmehr überhaupt kein Recht, sondern Unrecht, Macht oder Gewalt.

Die Rechtsprechung und auch manche Theoretiker haben häufig nicht zwischen der zweiten und dritten Alternative der Radbruchschen Formel unterschieden, obwohl Radbruch die Unterscheidung deutlich ausgesprochen hat. Sie liegt angesichts von Radbruchs Rechtsphilosophie auch auf der Hand: Ist Recht nur dasjenige, bei dem der Rechtssetzer nach Gerechtigkeit strebt, so kann beim Fehlen einer derartigen subjektiven Absicht kein Recht entstehen, sondern nur Unrecht, Macht oder Gewalt.

Die deutschen Obergerichte haben in Aufnahme der Radbruchschen Formel extrem ungerechte NS- und DDR-Regelungen für ungültig erklärt oder ihnen die Rechtsnatur ganz abgesprochen, etwa der Zwangsausbürgerung von Juden, der Verpflichtung, Deserteure auch ohne Standgerichtsverfahren zu erschießen, einzelnen Normierungen derartiger Standgerichtsverfahren, der Legitimation der Gestapo zu jeder Festnahme und Freiheitsbeschränkung, den Erlassen des Reichssicherheitshauptamts zur Zwangsverschickung der Juden und der Anordnung und Durchführung der Todesschüsse an der innerdeutschen Grenze (BVerfGE 23, S. 98 (105 ff.); 54, S. 53 (67 ff.); 95, S. 96 (135); BGHZ 3, S. 94 (107); BGHSt 2, S. 173 (177); 2, S. 234 (237 ff.); 3, S. 357 (362 ff.)).

Diese Verneinung der positivrechtlichen Geltung extrem ungerechten Rechts kann man aber auch dann rechtfertigen, wenn man – wie oben unter II. 7 – die Radbruchsche Formel nicht als rechtstheoretische Demarkationslinie des Rechtsbegriffs akzeptiert. Denn die Formel lässt sich als Auslegung des Art. 20 III GG («... die vollziehende Gewalt und die Rechtsprechung sind an Gesetz und Recht gebunden»), als ungeschriebenes oder richterrechtliches Verfassungsrecht oder mittlerweile auch als Verfassungsgewohnheitsrecht ansehen. Die Ethik fordert eine solche Positivierung der Radbruchschen Formel als Teil des geltenden Verfassungsrechts.

Von der Frage, ob ungerechtes Recht theoretisch-begrifflich Recht ist und der Frage, ob es mit Hilfe der Radbruchschen Formel oder auf sonstige Weise verfassungsdogmatisch für ungültig erklärt werden kann, ist strikt die ganz andere Frage zu unterscheiden, ob die Bürger extrem ungerechtes Recht *befolgen sollen*. Dabei handelt es sich nicht um eine begrifflich-theoretische oder verfassungsdogmatische, sondern um eine allgemeine rechtliche, moralische sowie ethische Frage. Jedes Recht fordert für seine geltenden Normen Befolgung. Jede Moral kann die Frage nach der Befolgungspflicht faktisch unterschiedlich beantworten. Und die Ethik erlaubt oder gebietet den Bürgern die Nichtbefolgung, sofern die Ungerechtigkeit des Rechts eine bestimmte Schwelle überschreitet, etwa Menschenwürde bzw. Menschenrechte massiv verletzt werden. Dabei ist allerdings in der Abwägung die Destabilisierung der Rechtsordnung zu berücksichtigen. Die Art der ethisch erlaubten oder gebotenen Abweichung von den Normen des Rechts hängt dann von der Stärke der Ungerechtigkeit ab. Sie reicht von der simplen *Nichtbefolgung* über den *zivilen Ungehorsam*, den *gewaltsamem Widerstand* bis hin zum *Tyrannenmord*, wie er etwa gegenüber Hitler und Stalin als letzte Notwehrmaßnahme jedenfalls ab dem Zeitpunkt der Ermordung Unschuldiger gerechtfertigt war (von der Pfordten, Rechtsethik, S. 548 ff.).

III. Die Rechtsethik: Welches Recht ist gerecht?

Das Recht kann wie jedes Handeln von Menschen *gut* bzw. *gerecht* oder *weniger gut* bzw. *weniger gerecht* sein. Weil es immer auch andere Menschen betrifft, fordert die Ethik seine *Güte bzw. Gerechtigkeit.* Dies gilt unabhängig davon, ob man zwischen Recht und Ethik eine begrifflich notwendige oder nur eine tatsächliche Verbindung annimmt, ob man also der nichtpositivistischen oder der positivistischen Auffassung anhängt.

Die Forderung der Ethik an das Recht, gut bzw. gerecht zu sein, entspricht grundsätzlich derjenigen, welche die Ethik allgemein an menschliches Handeln bzw. menschliche Normordnungen stellt. Allerdings können sich wegen der Besonderheit des Rechts in der Konkretisierung auch gewisse Eigentümlichkeiten ergeben.

1. Die Frage nach der Objektivität der Ethik

Wie bei der allgemeinen Ethik stellt sich auch bei der Rechtsethik zunächst die Frage nach ihrer *Wahrheits-* bzw. *Richtigkeitsfähigkeit*, d. h. nach ihrer *Objektivität bzw. objektiven Kritik- und Rechtfertigungskraft.* Woher kann die Ethik ihre objektive Legitimität gewinnen, das Recht zu kritisieren bzw. zu rechtfertigen? Auf einer abstrakten Ebene handelt es sich hier wie bei der allgemeinen Ethik um die Grundfrage der *Metaethik* nach der Objektivität (Wahrheitsfähigkeit, Richtigkeitsfähigkeit) oder bloßen Subjektivität (Interessengeleitetheit, Beliebigkeit) ethischer Urteile und Normen (von der Pfordten, Normative Ethik, S. 255 ff.).

Eine Objektivität ethischer Urteile und Normen wird auf verschiedene Art und Weise begründet: etwa durch Rekurs auf objektive ethische Formen/Ideen, Werte, Normen, Tugenden oder Tatsachen (Objektivismus, Kognitivismus). Eine etwas weniger anspruchsvolle Fraktion dieser Theoriegruppe leitet die Objektivität ethischer Urteile und Normen aus objektiven Intuitionen (Intuitionismus) oder dem Zusammenhang, d. h. der Kohärenz ethischer Urteile bzw. Normen her (Kohärentismus). Die Vertreter der Gegenauffassung halten ethische Urteile bzw. Normen dagegen für bloß *subjektiv*, das heißt *nicht wahrheits- bzw. richtigkeitsfähig*. Es soll sich nur um Interessen- bzw. Meinungsäußerungen oder gar nur um Gefühlsbekundungen handeln (Subjektivismus, Nonkognitivismus, Emotivismus).

In der Tradition des Objektivismus stehen etwa Platon, Aristoteles, Thomas von Aquin, Rousseau, Kant, Fichte, Hegel, Bentham, Mill bis hin zu Scheler, Hartmann, Finnis sowie – in abgeschwächter Form – Radbruch und Rawls. Die Tradition des Subjektivismus wird von Sophisten wie Thrasymachos und Kallikles sowie von Hobbes, Spinoza, Hume, Mackie, Kelsen und den Vertretern des sog. Skandinavischen Rechtsrealismus repräsentiert. Hier kann nicht der Ort sein, diese Ewigkeitsdiskussion aufzunehmen. Für eine vorläufige Entscheidung wesentlich ist unsere allgemeine und kaum in Zweifel gezogene Alltagsauffassung: Wir gehen nicht davon aus, dass unsere ethischen Urteile subjektiv sind, also bloßen Geschmacksurteilen, etwa solchen des Essens, Trinkens oder der Musik, gleichen. Wir halten es vielmehr für sicher, dass die Verurteilung eines Mordes und die ihr zu Grunde liegende Rechtfertigung der entsprechenden Strafvorschrift objektiv und nicht nur subjektiv, d. h. zeit- und kulturrelativ sind. Dies wird allerdings nicht auf objektive ethische Formen/Ideen, Werte, Normen, Tugenden oder Tatsachen gestützt und auch nicht auf Intuitionen. Deshalb erscheint der Versuch, die Objektivität ethischer Urteile in deren Kohärenz zu gründen, überzeugender (Nida-Rümelin, Ethische Essays; von der Pfordten, Normative Ethik, S. 252 ff.): Die ethischen Urteile müssen untereinander und mit unseren sonstigen allgemeinen Auffassungen über die Welt harmonieren.

2. Die Verhältnisse der Gerechtigkeit

Die umfassendste ethische Bewertung menschlicher Handlungen ist diejenige als *gut* bzw. *nicht gut*. Etwas enger ist dagegen die Qualifikation als *gerecht* bzw. *ungerecht*. Letztere ist für das Recht entscheidend. Woraus ergibt sich diese Beschränkung?

Gerechtigkeit ist eine Eigenschaft menschlicher Charaktere, Handlungen, Normen und Institutionen, einschließlich deren beabsichtigter und fahrlässig bewirkter Folgen. Aber was unterscheidet die Gerechtigkeit von weiteren derartigen Eigenschaften wie Klugheit, Mäßigkeit, Tapferkeit, Rationalität, Zweckmäßigkeit oder Wohlwollen, welche auch bewirken können, dass eine Handlung gut ist? Diese weiteren Eigenschaften menschlicher Handlungen, Normen und Institutionen können vollständig *ohne jeden Bezug zu Anderen* bestehen. Wir können etwa in Situationen, die grundsätzlich erst einmal nur uns selbst betreffen, zum Beispiel im Fall eigener Schmerzen, klug, besonnen oder tapfer und damit gut, nicht aber gerecht handeln. Man kann sich angesichts einer Lawine klug, besonnen oder tapfer und damit gut verhalten, nicht aber gerecht. Und wir können ein kaputtes Werkzeug rational und effizient und damit gut reparieren, nicht aber gerecht.

Die Gerechtigkeit ist somit – dies ist entscheidend, und bereits Platon, Aristoteles und Thomas von Aquin haben es festgestellt (Platon, Eutyphron 12e6–8; Gorgias 507a10; Aristoteles, Nikomachische Ethik V 3, 1129b25 ff.; V, 15, 1138a4 ff., Thomas von Aquin, Summa theologiae II–II, qu. 57, 1; 58, 2) – *begrifflich notwendig auf Andere bezogen*, das heißt *auf andere Wesen, die eine moralische und ethische Berücksichtigung verdienen*. Gerechtigkeit ist deshalb Eigenschaft einer Handlung, Norm oder Institution *im Verhältnis zu Anderen*, also eine *relationale Eigenschaft*.

Gemeinschaftliche Handlungen erfordern stets einen solchen Bezug auf Andere und damit eine relationale Eigenschaft. Dies gilt auch für das Recht, das notwendig auf Andere gerichtet ist. Selbstbezügliche Satzungen wie Geschäftsordnungen von Körperschaften sind nur scheinbare Ausnahmen, weil bei ihnen die

Körperschaft auch das einzelne Mitglied als Anderen verpflichtet. Für das Recht stellt sich also notwendig die Frage nach seiner Gerechtigkeit.

Ist der Bezug auf Andere für die Gerechtigkeit notwendig, dann erscheint es zum Verständnis der Gerechtigkeit zuerst erforderlich, dieses Merkmal, das heißt die grundlegenden Verhältnisse zu Anderen, aufzuklären. Verhältnisse sind nun aber wesentlich, wenn auch nicht ausschließlich, durch ihre *Relationsglieder* bzw. *Relata* charakterisiert. Deshalb wird man auch für die Gerechtigkeit zunächst die möglichen Relata bestimmen müssen. Lässt man im Rahmen einer säkularen Ethik aus Gründen der Vereinfachung Gott und nichtmenschliche Lebewesen außer Betracht, so bleiben nur die menschlichen Lebewesen als Relata der Gerechtigkeitsverhältnisse übrig. Das grundlegende Gerechtigkeitsverhältnis lautet: A hat Charaktereigenschaften, führt Handlungen aus oder setzt Normen, die im Verhältnis zu B als gerecht zu bewerten sind. Für B gilt das Gleiche gegenüber A, so dass wechselseitige Verhältnisse des Handelns bestehen:

$$A \rightleftarrows B$$

Die Tradition spricht insofern von «iustitia generalis» oder «iustitia universalis» (Aristoteles, Nikomachische Ethik 1130b6 ff.; Thomas von Aquin, Summa theologiae II–II, qu. 58, 6, 7).

Die Frage nach der Gerechtigkeit unterscheidet sich bis hierher nicht von der Frage nach der Berücksichtigung Anderer im Rahmen der allgemeinen normativen Ethik. Allerdings impliziert sie vier Beschränkungen: Die Qualifikation als «gerecht» ist erstens eine *Wertung* und keine Verpflichtung. Wie bei den anderen Wertungen der Ethik kann aber aus der Wertung als gerecht nicht ohne Weiteres auf eine entsprechende Verpflichtung geschlossen werden (von der Pfordten, Deskription, Evaluation, Präskription, S. 280 ff.). Wird also etwa eine Situation als ungerecht bewertet, so impliziert das noch nicht logisch oder auch nur faktisch die Pflicht zu ihrer Veränderung, etwa weil die Veränderung nicht möglich, nicht verhältnismäßig oder ein zu Verpflichtender nicht bestimmbar ist.

Die Gerechtigkeit umfasst zweitens *keine bloßen Fragen des guten Lebens, des Ethos*. Fragen des guten Lebens betreffen Andere nicht in ethischer Hinsicht und können nicht zu kategorischen Verpflichtungen führen. Eine Frage des guten Lebens wäre etwa, ob jemand mit einem Anderen Schach spielen möchte. Das kann keine Frage der Gerechtigkeit sein, jedenfalls solange nicht aus Freundschaft oder Vertrag eine moralische oder rechtliche Pflicht zum Schachspiel entstanden ist.

Die Gerechtigkeit schließt drittens *keine Pflichten gegen sich selbst ein*. Auch wenn man also derartige Pflichten gegen sich selbst annehmen würde, wären sie in keinem Fall Gegenstand der Gerechtigkeit.

Die Gerechtigkeit bewertet schließlich viertens keine überpflichtgemäßen (*supererogatorischen) Handlungen*. Überpflichtgemäße Handlungen mögen moralisch, ethisch und unter bestimmten Umständen vielleicht auch rechtlich gut und wünschenswert sein. Sie lassen sich aber nicht als gerecht bewerten.

a) Vermutlich wegen dieser Beschränkungen gewinnt der Begriff der Gerechtigkeit im einfachen, individualethischen Verhältnis keine besondere Bedeutung. Verletzt etwa A den B ohne Grund, so kann man zwar sagen, A habe B ungerecht behandelt. Aber man wird doch eher von einem moralisch schlechten, unmoralischen oder unethischen Verhalten oder eben von einer «Verletzung» sprechen. Stärkere Bedeutung erlangt der Gerechtigkeitsbegriff erst in einem engeren Verständnis, also als *Gerechtigkeit im engeren Sinn*, und zwar wenn das weitere Ideal der *Gleichheit* hinzutritt (Aristoteles, Nikomachische Ethik V, 1129a26 ff.). Dafür sind zwei prinzipielle Alternativen denkbar:

(1) Die jeweiligen Relationen zwischen A und B können miteinander verglichen werden. Man kann also nicht nur isoliert fragen, ob A den B richtig behandelt hat und ob B den A richtig behandelt hat, sondern auch, ob die wechselseitigen Behandlungen von A und B dem Ideal der *Gleichheit* genügen. Dabei können die jeweils isolierten Behandlungen des A durch B und umgekehrt ethisch einwandfrei sein, während sie im Vergleich

zueinander als ungleich und damit – wenn Gleichheit ein Aspekt der Gerechtigkeit ist – ungerecht bewertet würden. A kann etwa B im Geschäftsverkehr außerordentlich zuvorkommend behandeln, während B den A nur normal behandelt. Das Handeln beider gegenüber dem jeweils Anderen ist isoliert betrachtet jeweils ethisch erlaubt. A handelt etwa überpflichtgemäß, während B das Pflichtgemäße tut. Aber das Verhältnis zwischen beiden Handlungen kann im Hinblick auf das Ideal der Gleichheit als ungerecht bewertet werden. B hat durch die außerordentlich zuvorkommende Handlung des A einen Vorteil erlangt.

Nun wird man diesen Vorteil noch nicht als ungerecht ansehen, wenn beide Handlungen nicht aufeinander bezogen sind. Es steht A frei, den B normal zu behandeln und nichts Überpflichtgemäßes zu tun. Sind aber beide Handlungen aufeinander bezogen, so entsteht ein wechselseitiges Austauschverhältnis. A handelt, weil B handelt, und umgekehrt. Ist dies der Fall, dann ergibt sich fast zwangsläufig die Erwartung der Gleichheit, denn niemand besitzt eine Rechtfertigung, ohne weiteren Grund einen Vorteil aus diesem Tauschverhältnis zu ziehen. Tauschen also A und B bewusst etwas aus, so werden sie häufig die berechtigte Erwartung der Gleichbehandlung entwickeln, sofern kein Grund entgegensteht (etwa die Regeln eines effizienzorientierten Wirtschaftssystems oder die Annahme der Privatautonomie). Der Tausch kann sich dabei auf alle möglichen Handlungen und Güter beziehen. Diese elementare Form der Gerechtigkeit im engeren Sinn zwischen zwei Personen ist diejenige der wechselseitigen *Tauschgerechtigkeit*. Sie bestimmt etwa die Rechtsform des Vertrags:

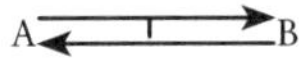

Um die Darstellung zu vereinfachen, wird diese Verbindung der beiden wechselseitigen Verhältnisse zwischen A und B in einem Tausch als Doppelpfeil wiedergegeben:

Möglich ist dabei die Gleich- oder Ungleichheit erstens im Hinblick auf die *Berücksichtigung*, also die Gleich- oder Ungleichberücksichtigung, zweitens mit Bezug auf die *Handlung*, also die Gleich- oder Ungleichbehandlung, und drittens mit Bezug auf die *Betroffenen* und das *Ergebnis* der Handlung, also die Gleich- oder Ungleichstellung.

Bereits an dieser Stelle muss angemerkt werden, dass die modernen Gesellschaften aus Gründen der Freiheit und Effizienz Sphären des wirtschaftlichen Verkehrs geschaffen haben, in denen das Erfordernis der Gleichheit in Tauschverhältnissen gelockert, wenn nicht sogar ganz aufgehoben ist. Das moderne Privatrecht hat dies mit seinen Prinzipien der Privatautonomie und Vertragsfreiheit gesichert: Wenn sich etwa zwei Erwachsene, die geschäftsfähig sind, freiwillig auf einen vertraglichen Austausch einigen, der objektiv betrachtet – was immer das heißen mag – für einen von beiden ungünstig ist, so entsteht trotzdem eine Bindung an den Vertrag, sofern nicht zusätzliche Umstände wie Irrtum, Täuschung, Drohung, Sittenwidrigkeit, Verstoß gegen Treu und Glauben usw. hinzutreten. Wer also zum Beispiel aus einer Frühlingslaune heraus ein überteuertes Cabriolet erwirbt, muss den Kaufpreis bezahlen, auch wenn Leistung und Gegenleistung nach dem Marktwert, etwa gemäß der sog. Schwacke-Liste für die Preise von Gebrauchtwagen, nicht übereinstimmen.

(2) Zu den zwei Personen A und B kann nun aber auch noch ein dritter, handlungsrelevanter Pol hinzutreten. Dafür gibt es wiederum zwei Möglichkeiten. Es kann sich bei diesem dritten Pol zum einen um eine dritte Person C und zum anderen um die schon beteiligten Personen A und B in Form einer *Gemeinschaft* handeln.

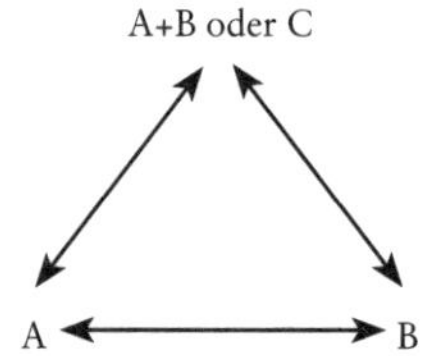

Allerdings genügt das bloße Hinzutreten des dritten Pols noch nicht. Die Gerechtigkeit im engeren Sinn steht vielmehr nur in Rede, wenn ein Gesichtspunkt ins Blickfeld rückt, der sich nur in derartigen Drei- und Mehrpersonenverhältnissen überhaupt ausprägen kann: die Frage der Gleichheit oder Ungleichheit mit Bezug auf den dritten, hinzutretenden Pol, also C oder die Gemeinschaft von A und B. Der Gesichtspunkt der Gleichheit bzw. der Ungleichheit führt dazu, dass die Verhältnisse von A und B zum Gerechtigkeitspol C oder A und B eine spezifische Gerechtigkeitsdimension gewinnen, dass also eine weitere Dimension der Gleichheit zum einfachen ethischen Verhältnis und zur Relation der Tauschgerechtigkeit mit ihrem Gebot der wechselseitigen Gleichheit hinzutritt:

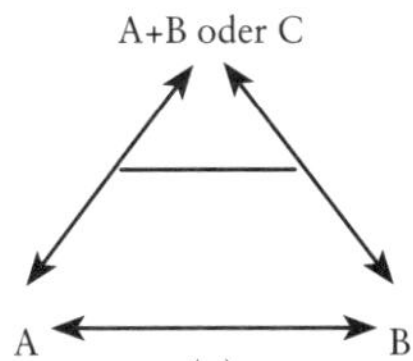

(1)

Dabei ist bei einem Hinzutreten einer dritten Person C der spezifische Aspekt der Gerechtigkeit, also der Gerechtigkeitspol, in derartigen individualethischen Verhältnissen nicht permanent auf C gegenüber A und B festgelegt, sondern kann natürlich in anderen Situationen auch bei A gegenüber B und C oder bei B gegenüber A und C liegen. Ein Beispiel: Laden A, B und C sich wechselseitig zu einer Fahrgemeinschaft ein, so stellt sich neben den normalen Verpflichtungen zur ethischen Behandlung der Anderen reihum die Frage der Gleich- oder Ungleichheit der Fahranteile. Man wird darauf achten müssen, dass alle ungefähr gleich häufig chauffieren.

Welche Besonderheiten ergeben sich im Verhältnis zum dritten Pol, wenn er aus A und B besteht? Die Beziehungen von A und B zum dritten Pol wandeln sich von der bloßen Tauschgerechtigkeit in eine *soziale* bzw. *politische* Gerechtigkeit mit drei Teilen: A und B können gleich oder unterschiedlich zu ihrer Gemeinschaft A+B beitragen. Das ist der spezifische Aspekt der *beitragenden Gerechtigkeit* oder *Beitragsgerechtigkeit* (2), etwa im Falle der Steuerzahlung verschiedener Personen an eine Gemeinschaft.

Die Gleichheitsverpflichtung kann aber auch die umgekehrte Richtung annehmen. A+B sind grundsätzlich aufgefordert, A und B gleich zu behandeln. Das ist die *verteilende Gerechtigkeit* oder *Verteilungsgerechtigkeit* (3), etwa der Zuteilung von Schulplätzen nach dem Schulrecht oder der Vergabe von Subventionen auf Grund bestimmter Förderprogramme, aber auch der Teilnahme an gemeinschaftlichen bzw. politischen Entscheidungen. Man muss die jeweils bestehende Asymmetrie zum Gerechtigkeitspol je nach der in Frage stehenden Handlungsrichtung dann auch graphisch aufspalten:

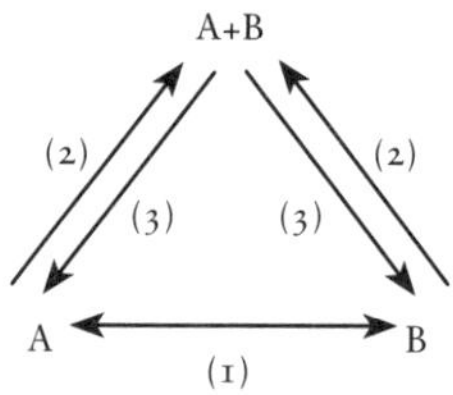

In einem speziellen Fall erfordert die mögliche Vereinigung der beiden Relationen von A+B zu A und von A+B zu B eine besondere Beachtung: wenn sich das Handeln der Gemeinschaft A+B direkt auf das Verhältnis zwischen A und B bezieht, sei es das Tauschverhältnis (1) oder das allgemeinethische Verhältnis. Man spricht bei dieser Bezugnahme auf die primären Gerechtigkeitsverhältnisse von *korrigierender Gerechtigkeit oder Korrekturgerechtigkeit* (4):

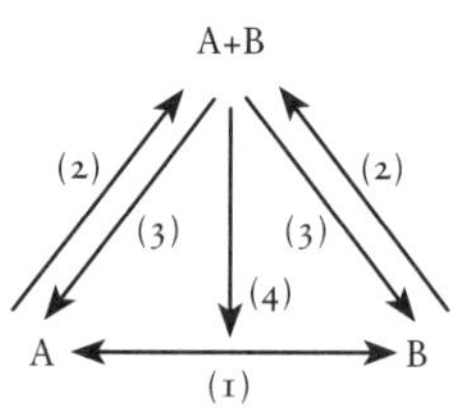

Im Rekurs auf Platon und Aristoteles sowie die Tradition kann man diese Gerechtigkeitsrelationen in Gemeinschaften wie folgt zusammenfassen:

(1) Bezüglich des Austauschverhältnisses bzw. der *Tauschgerechtigkeit* spricht die Tradition von der «iustitia commutativa».

(2) Die Verhältnisse der einzelnen Menschen A und B zum Gerechtigkeitspol A + B, finden sich – mit Bezug auf die politische Gemeinschaft – bereits bei Platon und Aristoteles (Platon, Charmides 161b5 ff.; Politeia 370a4; 433a1 ff.; Neunter Brief; Alkibiades I 127a14 ff.; Aristoteles, Nikomachische Ethik V 2, 1129a33 f.). Die entsprechende Gerechtigkeit wurde im Mittelalter «iustitia legalis» genannt (Thomas von Aquin, Summa theologiae II–II, qu. 58, 6, 9 ad tertium). Besser erscheint, wie gerade erwähnt, *«beitragende Gerechtigkeit»* oder *«Beitragsgerechtigkeit»*, weil nicht nur die Befolgung von Gesetzen erwartet wird, sondern ein Beitrag.

(3) Die Relation des Gerechtigkeitspols A+B zu den einzelnen Menschen A und B, die jeweils nicht als Gerechtigkeitspol angesehen werden, wurde ebenfalls bereits bei Platon erwähnt (Politeia 433e12 f., vgl. II. 2), aber vor allem von Aristoteles sorgfältig entwickelt (Nikomachische Ethik V 5, 1130b33 ff.). Sie wurde traditionell als «iustitia distributiva» bezeichnet (Thomas von Aquin, Summa theologiae II–II, qu. 61, 1 ff.). Die deutsche Übersetzung lautet *«verteilende Gerechtigkeit»* oder *«Verteilungsgerechtigkeit»*.

(4) Die Relation des Gerechtigkeitspols zu der Beziehung zwischen mindestens zwei einzelnen Menschen wurde «iustitia correctiva» oder «iustitia commutativa» genannt. Die umfassendere Bezeichnung «iustitia correctiva» *(korrigierende Gerechtigkeit* oder *Korrekturgerechtigkeit)* verdient den Vorzug, weil zum einen nicht immer ein Tausch stattfindet, da sich die Korrektur wie bereits erwähnt auch auf einfache Handlungen der Gerechtigkeit im weiteren Sinn beziehen kann, und zum ande-

ren sonst die Gefahr der Verwechslung mit der Tauschgerechtigkeit im Verhältnis (1) entsteht.

Mit Bezug auf jede dieser vier Strukturbestimmungen der Gerechtigkeit muss dann für konkrete Konflikte entschieden werden, wie die Abwägung der Belange der Betroffenen seitens des Rechts erfolgen soll. Das heißt, die hier dargestellten formalen Gerechtigkeitsrelationen müssen inhaltlich bzw. material konkretisiert werden. Dazu wird im nächsten Abschnitt noch mehr zu sagen sein. Angemerkt sei hier nur, dass es notwendig ist, für jede einzelne Gemeinschaft zu entscheiden, welche Materien vom Verhältnis der Tauschgerechtigkeit (1) auf das Gemeinschaftsverhältnis (2–4) übertragen werden.

b) In der Realität und insbesondere in der Politik gibt es eine Vielzahl von Gemeinschaften. Diese Gemeinschaften können in zwei fundamental verschiedenen Weisen miteinander verbunden sein: 1) in einfachen Verhältnissen wie Individuen oder 2) als Teil einer größeren Gemeinschaft. Der Unterschied führt zur *wiederholten* Anwendung entweder bloß der Gerechtigkeitsrelation (1) der Tauschgerechtigkeit (5) oder auch der Beitrags-, der Verteilungs- und der Korrekturgerechtigkeit (6–8), also entweder einer bloß horizontalen oder auch einer vertikalen Erweiterung:

Horizontal erweitertes Modell

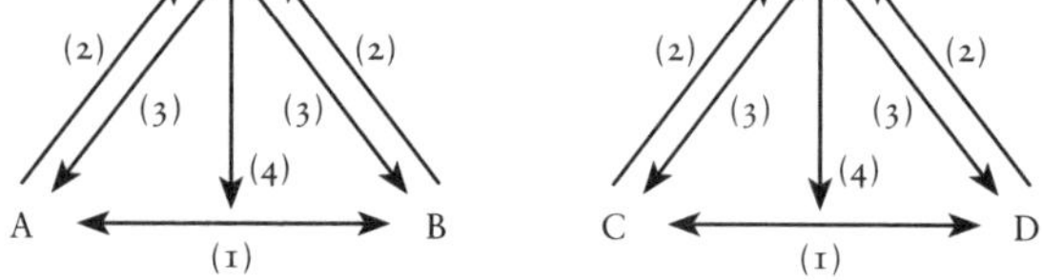

Vertikal erweitertes Modell

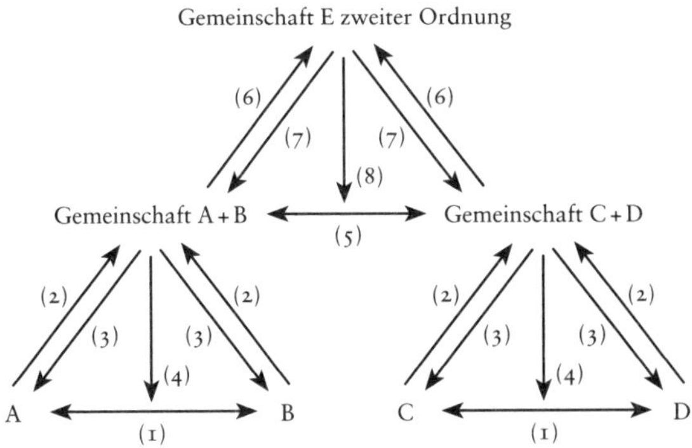

Diese Verbindung von Gemeinschaften kann theoretisch beliebig oft *wiederholt* werden. Möglich ist also eine Kaskade von Gemeinschaften. Sie findet sich zum Beispiel in modernen Staaten. Wir beobachten etwa die Entwicklung zunehmend komplizierter werdender Systeme auf mehreren Ebenen von Städten und Gemeinden, Landkreisen, Ländern und Bundesstaaten (sog. Mehrebenensysteme). Dazu kommt die internationale und globale Ebene.

Dieses Bild ist kompliziert. Aber die Realität ist noch komplizierter, weil die unterschiedlichen Gemeinschaftsebenen *nicht undurchdringlich* sind. Die Individuen stehen also häufig nicht nur zur Gemeinschaft 1. Ordnung, sondern auch zur Gemeinschaft 2. Ordnung in der direkten Beziehung der Beitrags-, Verteilungs- und Korrekturgerechtigkeit (9–11):

Zusätzlich erweitertes Modell

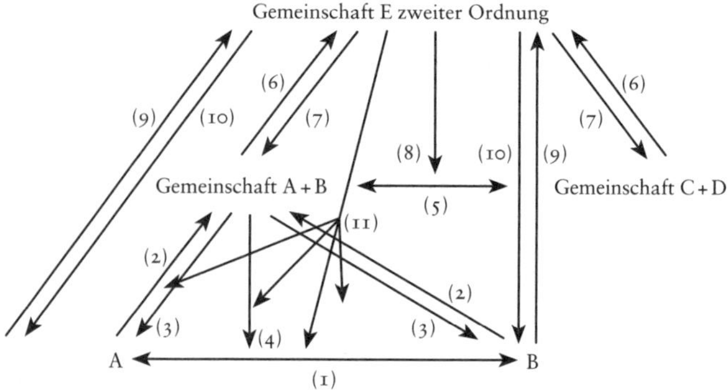

Beide zentralen Phänomene des Aufbaus komplexerer Ordnungen von Gemeinschaften – die *Wiederholung* und die *Durchdringbarkeit* – führen zu einer entscheidenden Konsequenz für die inhaltliche Frage nach der Gerechtigkeit: Wir müssen uns nicht nur über die inhaltliche Ausfüllung der Verhältnisse zwischen den Relata Gedanken machen (dazu der nächste Abschnitt), sondern auch fragen, wie die Wiederholung und Durchdringbarkeit auf höheren Ebenen ausgestaltet werden soll, welche dieser Verhältnisse also überhaupt erst geschaffen werden sollen. Wendet man diese Einsicht etwa auf das Problem der internationalen Gerechtigkeit an, so ergeben sich wenigstens folgende Alternativen:

(1) ein bloßer Pluralismus der Nationalstaaten (sog. «Realismus»). Es bleibt hier also beim einfachen Verhältnis der Tauschgerechtigkeit (5) zwischen den Staaten (Hegel, Grundlinien der Philosophie des Rechts, §§ 321 ff.; Morgenthau, Politics among Nations);

(2) eine Entwicklung der Vereinten Nationen und anderer globaler Einrichtungen zu wirksamen Institutionen, also zu Gemeinschaften zweiter Ordnung, die auch die Verhältnisse (6–8) umfassen.

(3) eine Schaffung globaler Einrichtungen als Gemeinschaften

höherer Ordnung, die nicht nur die Verhältnisse zwischen den Staaten regeln, sondern auch die Relationen zwischen den einzelnen Staaten und ihren Bürgern (Verhältnisse 9–11). Die Vereinten Nationen und andere globale Einrichtungen würden so sukzessive wie jetzt die einzelnen Staaten direkt gegenüber den Bürgern handeln.

Auf der globalen Ebene können wir heute einige Aspekte der Ebene zwei feststellen und auch erste Anzeichen für einen Übergang zur Ebene drei, etwa sog. humanitäre Interventionen zum Schutz der Menschenrechte seitens anderer Staaten oder der UNO und NATO sowie die Schaffung des Internationalen Strafgerichtshofs.

3. Die Prinzipien der Gerechtigkeit/Die normative Ethik

Die formalen Gerechtigkeitsverhältnisse müssen inhaltlich bzw. material ausgefüllt werden. Das heißt, es muss überlegt werden, wie die Tauschgerechtigkeit, die Beitragsgerechtigkeit, die Verteilungsgerechtigkeit sowie die Korrekturgerechtigkeit jeweils im und durch das Recht verwirklicht werden können und sollen. Dabei sind die oben erwähnten (II. 8) Besonderheiten des Rechts als Mittel zu berücksichtigen: neben Denken, Sprache und Normativität insbesondere diejenigen Eigenschaften, die es von den anderen sozialen Normordnungen wie Konventionen, Moral, Politik und Religion abgrenzen, also seine Kategorialität, seine Externalität, seine Formalität und seine Immanenz. Das Recht kann mit seiner Kategorialität und Formalität etwa in einen Konflikt zur persönlichen Freiheit geraten, so dass man besser nur Konventionen oder Fördermaßnahmen bzw. -angebote zur Erreichung von Gerechtigkeit einsetzt.

Entscheidend ist an dieser Stelle die Einsicht, dass das Recht grundsätzlich demselben Ziel der Vermittlung zwischen möglichen gegenläufigen, widerstreitenden Belangen dient wie die anderen sozialen Mittel bzw. Normordnungen, also Konventionen, Moral, Politik und Religion usw. Aus diesem Grund kann eine adäquate Rechtsethik ausschließlich als Teil einer allgemeinen normativen Ethik aller dieser sozialen Mittel bzw.

Normordnungen entworfen werden. Ausgangpunkt ist dabei, dass es beim Recht wie bei diesen anderen Normordnungen immer um die Frage nach dem guten bzw. gerechten Handeln *gegenüber Anderen* geht. Lässt man nichtmenschliche Wesen einmal aus Gründen der Vereinfachung außer Betracht, so stellt sich also die Frage: Wie muss man das Recht gestalten, um die anderen Menschen gerecht zu behandeln? Da nun aber Recht immer in Gemeinschaften entsteht, und seien es nur Vertragsgemeinschaften, lässt sich die Frage noch etwas konkreter mit Bezug auf ebensolche Gemeinschaften fassen: *Wie muss man das Recht in Gemeinschaften gestalten, um die anderen Menschen gerecht zu behandeln?*

Für eine Antwort gibt es *zwei grundsätzliche Alternativen.* Die rechtsetzende Gemeinschaft kann entweder die betroffenen anderen Menschen *als Individuen mit ihren individuellen Belangen bzw. Interessen* berücksichtigen oder sie kann sie nur *als Teil eines Kollektivs und damit das Kollektiv in Betracht ziehen.* Die erste Alternative lässt sich als *normativer Individualismus* bzw. *Humanismus* bezeichnen, die zweite Alternative als *normativer Kollektivismus.*

Der *normative Individualismus* bzw. *Humanismus* behauptet, dass *ausschließlich Individuen letzter Ausgangspunkt einer legitimen ethischen Verpflichtung* bzw. Wertung und damit als betroffene Akteure bzw. Andere erstes Element einer adäquaten normativen Ethik sein können, nicht aber Gemeinschaften oder Kollektive, etwa die Nation, das Volk, die Gesellschaft, die Familie, die Sippe, die Diskursgemeinschaft, das Ökosystem oder die Biosphäre. Der ethisch zu berücksichtigende Andere ist also in letzter Instanz immer die bzw. der Einzelne. Dabei handelt es sich – das muss betont werden – ausschließlich um die *normative* Berücksichtigung als Individuen. Nicht bezweifelt wird, dass alle Menschen *faktisch* in mehr oder minder engen Gemeinschaften leben.

Der *normative Kollektivismus* behauptet dagegen, dass moralische Normen, Regeln und Bewertungen ihre letzte Rechtfertigung in einem Kollektiv, das heißt dem Staat, der Nation, dem Volk, der Sippe, der Familie, der Gesellschaft, der Wirtschaft, der Sprach- oder Kulturgemeinschaft, der Nachbarschaft, der Diskursgemeinschaft, dem Ökosystem, der Biosphäre usw. finden können. Die konträre Position des normativen Kollektivismus beinhaltet also, dass wenigstens die Rechtfertigung *einzelner* Verpflichtungen in letzter Instanz *nicht* auf die jeweils betroffenen Individuen rückzuführen ist, sondern nur auf Gemeinschaften.

Diese beiden grundsätzlichen Alternativen der normativen Ethik können hier nicht ausführlich diskutiert werden (vgl. von der Pfordten, Normative Ethik, S. 23 ff.). Allerdings sollte man sich vor Augen führen, dass seit der Neuzeit sowohl die großen Strömungen der normativen Ethik als auch das Recht – mit einzelnen retardierenden Momenten – *zunehmend den normativen Individualismus bzw. Humanismus verwirklichen, also den einzelnen Menschen zur letzten Instanz ethischer Verpflichtungen erhoben haben*. Und selbst in der Antike lassen sich bereits erste Schritte hin zum normativen Individualismus erkennen.

Viele neuzeitliche Ethiken stimmen bei genereller Betrachtung zumindest im Ausgangspunkt oder in manchen Zügen mit dem normativen Individualismus überein, etwa der Kantianismus bzw. die deontologische Ethik, der Utilitarismus, aber auch die Vertragsethik (Kontraktualismus). Nur bei der Tugendethik liegen die Verhältnisse komplizierter.

4. Die deontologische Ethik / Der Kantianismus

Die *deontologische Ethik* mit dem *Kantianismus* als Hauptversion hält Pflichten für ethisch entscheidend. Wie werden diese Pflichten begründet? Nach Kant ist der *gute Wille* des Einzelnen Ausgangspunkt aller Pflichten. Nur der gute Wille ist unabhängig von allen zufälligen Einflüssen und Konsequenzen allein und ohne Einschränkung gut (Grundlegung zur Metaphysik der Sitten, S. 393). Einziger Maßstab des guten Willens kann das *Sittengesetz* in der einzelnen Person sein. Das Sittengesetz konkretisiert Kant zum *Kategorischen Imperativ* mit dem *Prinzip der Verallgemeinerung* als zentralem Kriterium: «Handle nur nach derjenigen Maxime, durch die du zugleich wollen kannst, dass sie ein allgemeines Gesetz werde.» (S. 421). Nach Kants zweiter Formel des Kategorischen Imperativs dürfen sowohl der Akteur als auch jeder Andere als Personen (genauer: als die Menschheit in ihnen) niemals bloß als Mittel, sondern sie müssen jederzeit zugleich als Zweck «gebraucht» werden (S. 429). Eine Welt vernünftiger Wesen ist nach der dritten Formel des Kategorischen Imperativs als Reich der Zwecke nur durch die «eigene Gesetzgebung aller Personen als Glieder» möglich (S. 438). Die Allgemeinheit des Gesetzes erfordert also die Berücksichtigung aller autonomen Individuen. Kants Ethik ist somit ohne Zweifel normativ-individualistisch. Allerdings grenzt Kant den Kreis der zu beachtenden Individuen auf vernünftige Wesen ein, schließt also Lebewesen ohne Vernunft, etwa Tiere, als letzte Quelle der ethischen Rechtfertigung aus.

In der politischen Philosophie hat Kant das Recht der politischen Partizipation und das Wahlrecht auf erwachsene, männliche Selbständige beschränkt (Die Metaphysik der Sitten, S. 314 f.). Aber zwischen der Möglichkeit politischer Partizipation und der Berücksichtigungswürdigkeit und Verantwortlichkeit muss klar unterschieden werden. Kant war ohne Zweifel der Ansicht, dass Frauen, Kinder und Unselbständige als einzelne Vernunftwesen ethisch, moralisch, politisch und rechtlich zu berücksichtigen sind.

Auch in der Rechtsethik ist wie in der allgemeinen Ethik Kants *normativer Individualismus* eindeutig. Der Begriff bzw. die Aufgabe des Rechts besteht für Kant – wie sich bereits unter II. 3 ergab – darin, die Willkür des einen mit der Willkür des anderen nach einem allgemeinen Gesetz der Freiheit zu vereinigen.

Kant konkretisiert den normativen Individualismus also sowohl in der allgemeinen Ethik als auch in der Rechtsethik im *Prinzip der Verallgemeinerung*. Dieses Prinzip der Verallgemeinerung ist heute in der ethischen Theoriediskussion als Grundprinzip der Vermittlung zwischen gegenläufigen Interessen umstritten. In der Kantschen Variante führt es zur Begründung von Verboten und Gebotenen, wenn ein Handeln eine gemeinschaftliche Praxis bzw. Institution zugleich voraussetzt und zerstört, also nur dadurch zum Ziel führt, dass es nicht allgemeine Handlungspraxis ist, wie etwa bei der Lüge oder dem unaufrichtigen Versprechen. Das ist zwar überzeugend. Aber lediglich einige wenige Handlungen, welche im Widerspruch zu gemeinschaftlichen Institutionen stehen, können mit diesem Kriterium ausgeschlossen werden. Selbst das allgemeine Tötungsverbot als zentrale ethische und rechtliche Norm wäre auf diese Weise nicht zu rechtfertigen, denn der Versuch, einen anderen zu töten, setzt nicht logisch (Widerspruch im Denken) oder auch nur praktisch notwendig (Widerspruch im Wollen) voraus, dass kein anderer versucht, den Handelnden zu töten. Eine Gesellschaft gelegentlicher wechselseitiger Tötungsversuche würde zwar den grundlegenden Interessen vieler von uns nicht entsprechen, ist aber nicht prinzipiell widersprüchlich.

Fasste man das Prinzip der Verallgemeinerung in der Form «Wenn jeder x tun würde, so wären die Folgen negativ; so sollte niemand x tun» – also im Sinne von M. G. Singers «Argument der Verallgemeinerung» (Verallgemeinerung in der Ethik, S. 86) –, so ist es bereits auf die *Folgenbewertung* eingeschränkt und nur in gewissen Fällen der Folgenkumulation signifikant, etwa im Fall des Verbots, einen Rasen zu betreten, weil der Rasen beschädigt würde, sofern alle ihn betreten würden. Aber auch in derartigen Fällen gilt das Prinzip der Verallgemeinerung nicht allgemein. Denn manches Handeln wäre zwar negativ, wenn alle es ausführen würden. Wollen aber gar nicht alle so handeln, so darf das nicht unberücksichtigt bleiben. Dann ist nicht ersichtlich, warum die Handlung einigen verwehrt werden sollte (Birnbacher, Analytische Einführung in die Ethik, S. 157 f.). Wären etwa die Gesamtfolgen im Sinne von Emissionen negativ, wenn alle eine Gewerbeerlaubnis für eine bestimmte chemische Produktion erhielten, so rechtfertigt das natürlich nicht, einigen diese Gewerbeerlaubnis zu versagen, wenn sowieso nur wenige sie beantragen wollen und durch die Gewerbeausübung der wenigen keine gravierenden negativen Folgen entstehen werden. Das Verallgemeinerungsprinzip kann also zwar für einzelne Fragen, in denen es eine allgemeine Praxis zugleich voraussetzt und zerstört, nicht aber als generelles und damit alleiniges Abwägungsprinzip der Rechtsethik überzeugen.

5. Der Utilitarismus

Für den *Utilitarismus* bzw. *Konsequentialismus* (*teleologische Ethik*) sind der *größte Nutzen aller* oder, genereller, die *besten Konsequenzen einer Handlung bzw. Regelung* ethisch entscheidend. Der klassische *Utilitarismus* nimmt dabei seinen Ausgang bei *Lust* und *Leid* der betroffenen Individuen, ist also zumindest im Ursprung normativ-individualistisch (Bentham, An Introduction to the Principles of Morals and Legislation, S. 1 f.). Auf dieser Basis wird die *Nutzensumme* ermittelt. Am normativ-individualistischen Ausgangspunkt ändert sich auch nichts, wenn, wie im modernen Präferenzutilitarismus, statt Lust und Leid die *Präferenzen* als entscheidend angesehen werden (Singer, Practical Ethics).

Allerdings lässt das Gebot, einzelne Handlungen zu maximieren, umfassende Lebensentwürfe bereits auf einer individuellen Ebene nicht zu (Nida-Rümelin, Kritik des Konsequentialismus). Das *Maximierungsprinzip des Utilitarismus* gerät im Übrigen, universal angewandt, zum normativen Individualismus in Widerspruch, weil es die von der fraglichen Handlung betroffenen Individuen mit ihren Interessen nur als Ausgangspunkt, nicht aber als Ziel der Abwägung ernst nimmt. Es erlaubt, dass um des größten Gesamtnutzens willen einzelne Individuen in bestimmten Fällen auf die gleiche bzw. gleichberechtigte Erfüllung ihrer Interessen teilweise oder ganz verzichten müssen und negiert damit die Individualität der Menschen. Würde etwa der Bruch eines Versprechens oder eines Vertrags größeren Nutzen erzeugen, erwarten wir dennoch deren Einhaltung.

Dabei besteht auch keine kognitive oder moralische Überforderung, die durch eine Zwei-Ebenen-Strategie, wie sie etwa von Richard M. Hare vorgeschlagen wurde (Moral Thinking), vermieden werden könnte. Hare will die utilitaristische Maximierung nur in letzter Instanz auf einer sekundären Ebene zum Zuge kommen lassen, während auf der primären Ebene die allgemein bekannten moralischen und rechtlichen Pflichten gelten sollen. Die Maximierungslösung des Utilitarismus ist vielmehr in manchen Konfliktsituationen *grundsätzlich ungerecht,* und zwar dann, wenn die individuellen Belange der kollektiven Maximierung prinzipiell nicht untergeordnet werden dürfen. Es gibt Fälle, in denen eine Einschränkung grundlegender Belange, wie etwa Leib, Leben, körperliche und psychische Unversehrtheit nicht gerechtfertigt ist. Bei diesen Belangen handelt es sich vor allem um die subjektiven ethischen, moralischen und juridischen Rechte. Das grundsätzliche Folterverbot ist etwa Ausfluss dieser Einschränkung universaler Maximierung.

Das Maximierungsprinzip erscheint deshalb nur in gewissen Fällen, und zwar bei gemeinsamen Projekten ohne Verletzung gravierender individueller Belange, v. a. individueller Rechte, als alleiniges Abwägungsprinzip gerechtfertigt. Lediglich bei gemeinschaftlichen und/oder politischen Entscheidungen ohne starke Beeinträchtigung von Individualrechten, z. B. der Bewerbung einer Stadt um die Olympischen Spiele, der Verbesserung des Straßennetzes, der Finanzplanung der öffentlichen Hand usw., kann es im Recht Anwendung finden.

6. Die Vertragstheorie/Die Diskurstheorie

Die *Vertragstheorie* (Kontraktualismus, Zustimmungstheorie) hält den *hypothetischen Vertrag* für den Kern der normativen Ethik und damit für die Quelle der Rechtfertigung von Verpflichtungen und Bewertungen. Sie geht in ihren verschiedenen Varianten bei Hobbes, Locke, Rousseau, Rawls, Gauthier und Scanlon trotz gewisser Unterschiede in Einzelheiten immer von Individuen aus, die in letzter Instanz fiktiv als vertragsschließend angesehen werden. Die Unterschiede betreffen die Frage, wie die Individuen zu verstehen sind, welche ihrer Eigenschaften entscheidend sein sollen und wie der Vertragsschluss zu interpretieren ist. Nach einer modernen Version des Vertrags- bzw. Zustimmungsprinzips, die Thomas Scanlon vorgeschlagen hat, soll eine *Handlung genau dann ethisch falsch sein, wenn ihre Durchführung unter den gegebenen Umständen von jeder Menge von Prinzipien zur Regelung des Verhaltens verboten würde, die niemand als Basis informierter, ungezwungener und allgemeiner Zustimmung vernünftigerweise zurückweisen könnte* (What We

Owe to Each Other, S. 153). «Vernünftig» wird dabei nicht wie bei manchen anderen Theoretikern als «zweckrational» im Verhältnis zu den Zielen des Akteurs verstanden, sondern setzt beim jeweils zu Berücksichtigenden eine gewisse Menge an Informationen und relevanten Gründen voraus.

Wie ist die Vertragstheorie zu beurteilen? Zwar fordert das Vertrags- bzw. Zustimmungsprinzip wie die bisher erörterten Ethiken eine Abwägung der individuellen Belange und ist somit ohne Zweifel normativ-individualistisch. Das Vertragsprinzip kann aber selbst nicht zeigen, *wie* abgewogen werden soll. Das Vertragsprinzip liefert selbst kein konkretes Abwägungsprinzip, das die notwendige Vermittlung zwischen den individuellen Belangen inhaltlich bestimmen könnte. Die Bewertung einer Handlung als falsch, wenn sie von jeder Menge von Prinzipien verboten würde, die niemand vernünftigerweise zurückweisen könnte, ist mit allen möglichen konkreten Prinzipien der Abwägung kompatibel, etwa mit dem Verallgemeinerungsprinzip Kants, dem Maximierungsprinzip des Utilitarismus, dem Gleichheitsprinzip, dem Paretoprinzip (Ungleichheiten sind gerechtfertigt, wenn sich die Situation eines Einzelnen verbessern lässt, ohne andere schlechter zu stellen) oder dem Maximin- bzw. Differenzprinzip von Rawls (vgl. II. 4). Rawls glaubte noch, dass das Vertragsprinzip im Rahmen einer ursprünglichen, fiktiven Wahl aller Bürger das Maximinprinzip begründet (Eine Theorie der Gerechtigkeit, S. 27 ff., 81 ff.), während sein Schüler Scanlon die Rechtfertigung des Maximinprinzips als allgemeinem Prinzip der Ethik ablehnt (What We Owe to Each Other, S. 223, 228 f.).

Die tatsächliche Durchführung des Vertragsschlusses, welche in individuellen Konflikten selbstredend zu konkreten Ergebnissen führen würde, kann dabei das fehlende Abwägungsprinzip nicht ersetzen, denn dadurch würde zwar der Konflikt im Einzelfall faktisch gelöst. Diese faktische Lösung könnte aber kein allgemeines normativ-ethisches Abwägungsprinzip rechtfertigen, denn warum sollten andere Individuen durch die individuelle Standfestigkeit oder Nachgiebigkeit im Aushandlungsprozess, also das jeweilige Verhandlungsgeschick der Vertragspartner normativ-ethisch gebunden sein?

Jürgen Habermas hat folgendes *Diskursprinzip* D vorgeschlagen: «Jede gültige Norm müsste die Zustimmung aller Betroffenen, wenn diese nur an einem praktischen Diskurs teilnehmen würden, finden können.» (Was macht eine Lebensform «rational»?, S. 32). Während Scanlon nur die hypothetische *Unmöglichkeit der Zurückweisung* seitens aller Betroffenen als Kriterium ansieht, fordert Habermas also die *hypothetische Zustimmung*. Ob dies in der Sache einen Unterschied bedeutet, hängt von der Frage ab, inwiefern die hypothetische Zurückweisung oder Zustimmung kontradiktorisch oder nur konträr zueinander stehen. Von dieser etwas anderen Formulierung abgesehen, ist ein wesentlicher sachlicher Unterschied zwischen Vertragsprinzip und Diskursprinzip nicht erkennbar. Die soeben wiedergegebene Einschätzung des Vertragsprinzips gilt somit gleichermaßen für das Diskursprinzip.

Allerdings führt Habermas noch einen Universalisierungsgrundsatz «U» als «Argumentationsregel» ein, der als Ausgangspunkt für die «sparsame Formel» D dienen soll: «Jede gültige Norm muss der Bedingung genügen, dass die Folgen und Nebenwirkungen, die sich aus ihrer *allgemeinen* Befolgung für die Befriedigung der Interessen *jedes* Einzelnen voraussichtlich ergeben, von *allen* Betroffenen zwanglos akzeptiert werden können.» (Ebenda). Diese Formel ist restriktiver als das Diskursprinzip, weil sie sich auf die «Folgen und Nebenwirkungen» beschränkt, also die Konsequenzen. Eine derartige Beschränkung auf die Konsequenzen ist aber angesichts der ethischen Relevanz der Absichten und der Handlungsdurchführung nicht zu rechtfertigen. Sieht man von dieser konsequentialistischen Einschränkung durch den Universalisierungsgrundsatz U ab, so geht die Diskursethik offensichtlich nur in ihrer Forderung nach tatsächlichen Diskursen und Konsensen sowie nach legitimen Diskursbedingungen über das Vertragsprinzip hinaus. Diese Forderung nach Diskursen und Konsensen lässt sich als praktische Forderung rechtfertigen, sofern man sie als Konkretisierung der Verpflichtung zur Berücksichtigung aller betroffenen Individuen versteht. Im konkreten moralischen oder rechtlichen Konflikt sind alle kommunikativen Mittel zu ergreifen, um die Belange der Betroffenen zu erkennen, zur Geltung zu bringen und zu harmonisieren. Damit ist aber die Frage nach einem adäquaten ethischen Abwägungsprinzip noch nicht beantwortet. Die tatsächliche Durchführung eines Diskurses und die tatsächliche Erzielung eines Konsenses können einen Konflikt zwar faktisch lösen. Aber dann braucht man jenseits des Gebots zur Suche nach faktischen Konfliktlösungen kein Recht. Das Recht wird nur relevant, wenn sich ein Konflikt *nicht* durch faktische Prozeduren und einen faktischen Konsens beseitigen lässt, etwa weil beide Konfliktparteien auf ihrem Standpunkt beharren. Der Konflikt zwischen dem Mörder, der morden will, und dem Opfer, das nicht ermordet werden will, lässt sich nicht durch Diskurs und Konsens lösen, sondern nur durch ein kategorisches rechtliches sowie moralisches Gebot, außer in Fällen der Notwehr bzw. Nothilfe nicht zu töten. Dieses Tötungsverbot kann nun aber nicht durch den fiktiven Diskurs und Konsens ethisch gerechtfertigt werden, weil der hypothetische Diskurs bzw. Konsens kein konkretes Abwägungsprinzip bestimmen kann.

7. Die Tugendethik

Für die Tugendethik ist der *Charakter des Akteurs* entscheidend. Die Tugendethik richtet ihren Fokus also nicht primär auf den von einer Handlung betroffenen Anderen. Allerdings kann der betroffene Andere dann auf einer sekundären Ebene doch relevant werden. Denn es ist nicht ausgeschlossen, sondern sogar sehr wahrscheinlich, dass die Wünsche und Ziele des Anderen sich nicht nur auf die Handlungen und Konsequenzen, sondern auch auf die Charaktereigenschaften derjenigen Akteure richten, deren Handeln ihn betrifft. Warum ist das so? Jeder von uns kann regelmäßig sicherer sein, dass seine Wünsche und Ziele nicht missachtet werden, wenn Akteure, deren Handlungen ihn betreffen, einen guten Charakter haben, etwa Abgeordnete, Richter und Beamte nicht korrupt und eigensüchtig sind und die berufsethischen Standards ihrer Tätigkeit verinnerlichen. Insofern wird jeder von uns wünschen, dass juristische Akteure einen derartigen guten Charakter haben bzw. entwickeln. Ob und wann dieser Wunsch berechtigt ist, ist eine Frage der einzelnen Konstellation.

Bei der Tugendethik muss zwischen klassischen, etwa denjenigen von Platon und Aristoteles, und modernen Versionen unterschieden werden. Platons Ethik einer Gerechtigkeit in der Polis wendet sich mit ihrem Grundprinzip, dass jeder das Seine zur Polis beitragen soll (II. 2), zwar auch an individuelle Akteure, ist jedoch insgesamt vor allem auf das Wohl der Gemeinschaft gerichtet. Aber bereits bei Platon ist diese Gemeinschaftsorientierung in verschiedener Hinsicht relativiert: Die Bedürfnisse der Individuen führen zur Begründung der Polis (Politeia, 369c10). Neben der Gerechtigkeit im Staat steht auch die des Einzelnen in Frage (Politeia, 368e2). Die Sorge um die Seele und die Tugendhaftigkeit des Einzelnen sind ein Ziel der Polis (Nomoi, 631c5–8, 963d2, 965d3; Minos 321d1–3).

Aristoteles verstärkt diesen normativen Individualismus, wenn er die eudaimonia ins Zentrum der Ethik rückt (II. 2, Nikomachische Ethik I 1095a18). Statt der Verpflichtung jedes Einzelnen, das Seine zur Polis beizutragen, betont Aristoteles den Grundsatz «Jedem das Seine» (II. 2). In der modernen Tugendethik wird der Schwerpunkt dann explizit auf das tugendhafte Individuum mit seinen inneren Veranlagungen, Dispositionen und Motiven gelegt (Slote, Virtue Ethics, S. 177). Die gegenwärtige Tugendethik folgt also grosso modo und mit einigen retardierenden Momenten dem allgemeinen Trend der neuzeitlichen Ethik zu normativ-individualistischen Konzeptionen.

Allerdings bleibt auch sie mit dem Manko aller auf den Akteur zentrierten Ethiken behaftet, dass die konkrete Wahl und Ausführung der fraglichen Handlung sowie die Konsequenzen nicht hinreichend berücksichtigt werden. Dieses Manko wirkt besonders negativ in der Sozialethik bzw. Rechtsethik, in der es nicht primär um private Beziehungen, sondern um die Gestaltung von gemeinschaftlichen Verhältnissen bzw. allgemein Gemeinschaften geht. Die Tugendethik kann im Rahmen der Rechtsethik somit nur punktuell zu Rechtfertigungen bzw. Lösungen führen, etwa im Hinblick auf ein Ethos juristischer Berufe (Richterethik, Beamtenethik usw.).

8. Eine Ethik des normativen Individualismus

Wie kann dann eine adäquate normative Ethik bzw. Rechtsethik aussehen (vgl. von der Pfordten, Rechtsethik; Normative Ethik)? Eine adäquate normative Ethik muss wenigstens fünf Elemente enthalten: (1) den normativen Individualismus als Ausgangspunkt, wonach rechtliche Normen in letzter Instanz nur durch Rekurs auf alle betroffenen Individuen und ihre Eigenschaften gerechtfertigt werden können; (2) die Berücksichtigung der Ziele, Wünsche, Bedürfnisse und Strebungen (Belange bzw. Interessen) aller dieser betroffenen Individuen als rechtfertigende Eigenschaften; (3) eine Vielfalt des Bezugs dieser Belange und damit der moralischen Normen und Werte auf alle möglichen Elemente unseres Handelns im weitesten Sinne, also nicht nur den guten Willen wie bei Kant, den Charakter wie in der Tugendethik oder vorrangig die Konsequenzen wie im Utilitarismus bzw. Konsequentialismus; (4) die prinzipielle Notwendigkeit eines Abwägungs- bzw. Zusammenfassungsprinzips dieser Belange der Individuen; (5) schließlich als zentrales Abwägungs- bzw. Zusammenfassungsprinzip das hier als einziges Element näher erläuterte *Prinzip der relativen Individual- und Ander- bzw. Gemeinschaftsbezogenheit der Individualbelange*. Es lautet: *Je stärker der Belang bzw. das Interesse eines moralisch zu berücksichtigenden Individuums in der Entstehung oder Realisierung notwendig von anderen Betroffenen bzw. einer Gemeinschaft abhängt, desto eher muss sich das Individuum eine Relativierung in der Abwägung gefallen lassen bzw. darf die Gemeinschaft nach Gemeinschaftszielen entscheiden.*

Was bedeutet «in der Entstehung oder Realisierung notwendig von anderen Betroffenen bzw. einer Gemeinschaft abhängig»? Diese Abhängigkeit kann sich aus zwei Gründen ergeben: (1) *vergangenheitsorientiert*, weil eine bestimmte Praxis mit Anderen oder in einer bestimmten Gemeinschaft notwendige Entstehungsbedingung der Ausprägung des Belangs war, etwa der Trend zu einer bestimmten Sportart wie dem Joggen als Bedingung des Wunsches zu joggen; (2) *zukunftsorientiert*, weil eine bestimmte Praxis nur mit Anderen bzw. in einer bestimmten Gemeinschaft mit ihren Einrichtungen realisiert werden kann, etwa das Interesse, mit Anderen zu sprechen, zusammenzuarbeiten oder in einer bestimmten Stadt ein öffentliches Verkehrsmittel zu benutzen.

Man kann bei der relativen Individual- und Ander- bzw. Gemeinschaftsabhängigkeit in idealtypischer Form von einem Kontinuum ausgehen. An dessen einem Ende stehen Belange, *die sehr wenig oder gar nicht notwendig von den jeweils betroffenen Anderen bzw. der spezifischen Gemeinschaft abhängen*, sondern durch sie allenfalls zufällig gefördert werden, etwa die Menschenwürde, das physische Leben des Einzelnen, seine körperliche Unversehrtheit, sein grundlegendes Denken und Wollen etc. Diese Interessen lassen sich in allen Ländern der Erde und in allen Kulturen und Gesellschaften realisieren. Für sie gilt vor allem das Gleichheitsprinzip, weil sich die Individuen ohne Rechtfertigung für eine Unterscheidung mit ihren individuellen Belangen gegenüberstehen. Das Interesse, menschenwürdig behandelt, etwa nicht gefoltert zu werden, verbindet z. B. die jeweils kaum gemeinschaftsabhängigen Interessen an der eigenen körperlichen Unversehrtheit und der eigenen Willensentschließung und potenziert damit quasi deren je einzelne starke Individualabhängigkeit. Deshalb muss das Interesse, nicht gefoltert zu werden, in höchstem Maße frei von relativierenden Abwägungen bleiben.

Am anderen Ende des Kontinuums stehen *fast vollständig von Anderen oder sozialen Gemeinschaften abhängige Belange*, wie etwa das Interesse, mit anderen zu sprechen, zusammenzuarbeiten, gemeinsam Sport zu treiben, öffentliche Einrichtungen wie Museen oder Verkehrsmittel zu nutzen, das Interesse an sozialer Unterstützung, an der gemeinsamen Wirtschaft, an natürlichen Ressourcen, an dem Erhalt von Gemeinschaften wie Ehe, Familie, Dorf, Stadt, Staat und Nation. Für diese sehr stark sozial abhängigen Belange gilt wohl vor allem das Prinzip der Maximierung der Summe der Interessen, weil die Abhängigkeit der Belange von der Gemeinschaft die kollektive Entscheidung rechtfertigt. Der Einzelne kann der gemeinschaftlichen Entscheidung der Individuen kein legitimes Veto entgegenhalten.

Zwischen beiden Extremen liegt z. B. das Interesse an respektvoller Behandlung, an der Aufklärung über persönlich wichtige Tatsachen, an der Erwerbstätigkeit, an der freien Meinungsäußerung, an der Nutzung eigener Güter usw. Für diese Interessen gilt weder das Gleichheits- noch das Maximierungsprinzip, sondern es muss eine faire Abwägung erfolgen, etwa nach dem Paretoprinzip oder dem Maximinprinzip.

Man kann dann idealtypisch drei Arten oder Zonen von Belangen bzw. Interessen unterscheiden: (1) die Belange einer *Individualzone*, die grundsätzlich nicht oder praktisch nicht notwendig von bestimmten Anderen abhängen, vor allem Menschenwürde, Leib, Leben, physische und psychische Unversehrtheit, also Belange, die innerhalb einer symbolischen Körpergrenze lokalisierbar sind, (2) die Belange einer *Relativzone*, die partiell notwendig von Anderen oder einer Gemeinschaft abhängen, etwa die allgemeine Freiheit der Handlung, die Freiheit der Meinungsäußerung, die Freiheit der Religionsausübung, die Freiheit von Kunst und Wissenschaft, die Freiheit des Berufs, die Hilfe durch Andere in Notlagen, (3) die Belange einer *Sozialzone*, die weitgehend oder fast vollständig notwendig von Anderen oder einer Gemeinschaft abhängen, etwa das Interesse an gemeinsamen Aktivitäten im Erwerbsleben, der Kultur oder im Sport, die hocharbeitsteilige und infrastrukturabhängige moderne Wirtschaft, die Nutzung natürlicher Ressourcen, die Gleichheit sozialer Chancen.

Zur Abwägung zwischen potentiell widerstreitenden Belangen kann man statt des abstrakteren Grundprinzips der relativen Individual- und Ander- bzw. Gemeinschaftsbezogenheit diese Typisierung in drei Zonen heranziehen. Man muss dazu die potentiell widerstreitenden Interessen einer der drei Zonen zuordnen. Dann ist entscheidend, ob ein Konflikt zwischen Belangen der *gleichen Zone* oder *unterschiedlicher Zonen* besteht:

a) Im Fall des Widerstreits zwischen *Belangen der gleichen Zone* erscheinen folgende drei Grundprinzipien einleuchtend:

(1) Sofern sich Interessen der Individualzone im Konflikt befinden, gilt das Gleichheitsprinzip. Steht etwa Leben gegen Leben, so sind alle Betroffenen grundsätzlich gleich zu beachten. Es ist kein Grund ersichtlich, das Leben des Einen höher zu bewerten als das Leben des Anderen. Kein Leben eines Menschen darf also für das Leben eines Anderen geopfert werden. Wer allerdings das Leben Anderer bewusst gefährdet, etwa als Terrorist, der muss die Verteidigung gegen diese Gefährdung hinnehmen, welche in extremen Notsituationen letztlich bis zum finalen Rettungsschuss gehen kann.

(2) Im Falle eines Konflikts zwischen Interessen der Relativzone wird man differenzieren müssen: Für die Abwägung individueller Handlungen, etwa wenn zwei Personen einer beruflichen Tätigkeit nachgehen wollen, gilt wohl ebenfalls grundsätzlich das Gleichheitsprinzip. Es ist nicht ersichtlich, warum eine Berufsausübung prinzipiell besser oder wichtiger als die andere sein soll. Allerdings wird man anders als in der Individualzone auch weitergehende Gesichtspunkte der Gewichtigkeit berücksichtigen müssen. In der Sphäre des privaten Austausches von Gütern gilt etwa das Paretoprinzip: Niemand darf schlechter gestellt werden. Aber dass sich einige verbessern, ist nicht unzulässig. Für den Bereich der öffentlichen Verteilung von Gütern ist dagegen bereits eine stärkere Gemeinschaftsorientierung anzunehmen, da die Güter vor der Verteilung zusammen erzeugt werden müssen. Hier ist Rawls' Differenzprinzip ein guter Kandidat.

(3) Im Falle eines Konflikts zwischen Belangen der Sozialzone tritt dagegen die Prägung der Interessen durch Andere und die Gemeinschaft in den Vordergrund: Dann ist regelmäßig das Maximierungsprinzip als Ausgangspunkt einleuchtend. Die Gemeinschaft kann die Optimierung der Summe der gemeinschaftlichen Interessen verfolgen, etwa bei politischen Projekten. Neue Straßen sollten etwa zunächst in denjenigen Regionen gebaut werden, in denen sich am meisten positive Effekte erzielen lassen, wobei natürlich die negativen Folgen für Natur und Landschaft zu berücksichtigen sind.

b) Im Fall des Widerstreits zwischen *Belangen verschiedener Zonen* ist die Abwägung komplizierter und kann hier nur angedeutet werden:

(1) Grundsätzlich gilt, dass Belange der Individualzone gegenüber solchen der Relativ- und der Sozialzone *den absoluten Vorrang* genießen, weil keine Einschränkung der nicht oder kaum von bestimmten Anderen oder der Gemeinschaft abhängigen Interessen begründet ist. Man darf etwa Andere nicht zur Förderung des allgemeinen Wohls in ihrer Menschenwürde antasten, sie etwa foltern oder demütigen. Man darf Anderen nicht das Leben nehmen oder sie weit jenseits der natürlichen Risiken gefährden, um seinen Beruf auszuüben, seine Religion zu praktizieren oder gemeinschaftliche Projekte wie etwa Bauten zu realisieren.
(2) Bei Belangen der Relativzone besteht ebenfalls ein solcher Vorrang gegenüber den Belangen der Sozialzone, jedoch *kein absoluter*, sondern nur ein *relativer* und *grundsätzlicher*. Dem individuellen Wunsch, eine bestimmte Tätigkeit auszuüben, wird man etwa prinzipiell einen gewissen Vorrang vor gemeinsamen Projekten der Zusammenarbeit zuerkennen müssen. Der Einzelne ist frei, zu entscheiden, ob er sich an einer derartigen Zusammenarbeit beteiligen will oder lieber alleine oder mit Dritten tätig sein möchte. Er darf etwa nicht gezwungen werden, in einem Staat zu leben, einer Partei beizutreten, in einem bestimmten Betrieb zu arbeiten usw. Die Wehrpflicht ist zum Beispiel nur gerechtfertigt, wenn sie zur Verteidigung aller Menschen in einer politischen Gemeinschaft von der Mehrheit für notwendig erachtet wird.

9. Der normative Individualismus im Recht

Wie hat sich die Ethik des normativen Individualismus im deutschen Recht niedergeschlagen?

a) Im *Verfassungsrecht* begann der sog. «Herrenchiemsee-Entwurf» zum Grundgesetz von 1948 mit einem eindeutig normativ-individualistischen Artikel: «Art. 1 I. Der Staat ist um des Menschen willen da, nicht der Mensch um des Staates willen.» (JöR n. F. 1 (1951), 42–48). Die Formulierung wurde nur aus stilistischen Gründen nicht in die endgültige Fassung des Grundgesetzes vom 23.5.1949 übernommen. Am Anfang sollte keine derartige «negative Deklaration» stehen. Die sachliche Berechtigung der Norm als Reaktion auf die kollektivistischen Verbrechen des Nationalsozialismus stand außer Frage.

Mit Art. 1 I GG ist dann die Unantastbarkeit der Menschenwürde an die Spitze des Grundgesetzes gestellt worden. Art. 79 III GG erklärt diesen Schutz für unabänderlich. Jenseits der Menschenwürde teilt sich die Konkretisierung des normativen Individualismus im Grundgesetz in zwei große Zweige: die Anerkennung der *Menschen- bzw. Grundrechte* und die *demokratische Legitimation* politischer Herrschaft. Beide Konkretisierungen haben jeweils eine Doppelnatur: Sie sind vorrechtlich und rechtlich.

Art. 1 II GG erklärt die «unverletzlichen und unveränderlichen Menschenrechte» zur «Grundlage jeder menschlichen Gemeinschaft». Das Grundgesetz enthält einen detaillierten und sehr umfangreichen Grundrechtskatalog, der nicht nur Grundrechte für Deutsche, sondern auch relativ weit gehende Menschenrechte umfasst. Man denke etwa an die Glaubensfreiheit nach Art. 4 GG und das Asylrecht nach Art. 16a GG. Art. 2 I GG formuliert ein Recht auf die freie Entfaltung der Persönlichkeit. Das Bundesverfassungsgericht hat dieses Recht sehr weit als allgemeine Handlungsfreiheit interpretiert. Art. 14 GG garantiert das Privateigentum. Enteignungen sind nach Art 14 III GG nur in sehr engen Grenzen und gegen Entschädigung möglich. Art. 19 IV GG gewährt jedem Einzelnen den Rechtsweg gegen Akte der öffentlichen Gewalt. Das Gesetz über das Bundesverfassungsgericht eröffnete schon frühzeitig die individuelle Verfassungsbeschwerde. 1969 wurde diese dann in Art. 93 I Nr. 4a GG verankert. Das Bundesverfassungsgericht hat statuiert, dass die individualschützenden Grundrechte gegenüber allem einfachen Recht mittelbare Drittwirkung entfalten. Es hat das Verhältnismäßigkeitsprinzip als umfassende Zweck-

Mittel-Abwägung, die auch zu Gunsten des Einzelnen wirkt, anerkannt. Es hat weiterhin eine Schutzpflichtdimension der Grundrechte entwickelt. Der Einzelne kann also nicht nur Eingriffe des Staates in seine Privatsphäre abwehren, sondern hat aus der Verfassung sogar einen Anspruch auf dessen Tätigwerden zu seinem Schutz. Das geht weiter als der Schutz, den die Grundrechte der amerikanischen Verfassung nach der dort vorherrschenden Interpretation gewähren.

Der normative Individualismus findet seine Konkretisierung des Weiteren im Demokratieprinzip. Zu dessen Verständnis muss man vier Gruppen von Individuen unterscheiden, die zur jeweils vorherigen Gruppe Teilmengen bilden: (1) die von staatlichem Handeln Betroffenen, (2) die Bürger bzw. Staatsangehörigen, (3) die Aktiv- bzw. Wahlbürger, (4) die politischen Repräsentanten.

(1) Die erste Gruppe der von rechtlichen Regelungen *Betroffenen* ist – wie sich bereits ergab – die rechtsethisch relevante Gruppe der zu berücksichtigenden Individuen.

(2) Die zweite Gruppe der *Bürger bzw. Staatsangehörigen* bildet das Volk als verfassunggebende Gewalt (pouvoir constituant) und als verfassungskonstituiertes Staatsorgan (pouvoir constitué). Die Regelung des Art. 20 II S. 1 GG «Alle Staatsgewalt geht vom Volke aus» bezieht sich auf diese zweite Gruppe der Bürger bzw. Staatsangehörigen. Dabei darf man «Volk» nicht im Sinne eines fiktiven oder realen Kollektivs verstehen, sondern im Sinne der einzelnen, zur politischen Gemeinschaft verbundenen Bürger. Die Rückführung der politischen Gewalt auf eine bloße Teilmenge der von ihrer Ausübung Betroffenen ist aus Gründen der Gerechtigkeit und Zweckmäßigkeit gerechtfertigt, denn die politische Gemeinschaft benötigt Mitglieder, welche ihr fest und dauerhaft verbunden sind. Nur Menschen, die kraft Geburt oder Abstammung einer politischen Gemeinschaft angehören oder sich dieser Gemeinschaft durch Annahme der Staatsbürgerschaft längerfristig verpflichten und dann auch Lasten dauerhaft mit übernehmen, wird man als legitimiert ansehen dürfen, Teil des Staatsvolks bzw. Souveräns der betreffenden politischen Gemeinschaft zu sein.

(3) Noch enger ist aus Gründen der Zweckmäßigkeit – Kinder können z. B. keine vernünftige Wahlentscheidung treffen – die dritte Gruppe der in Wahlen und Abstimmungen *aktiven Bürger* (Art. 20 II S. 2, 38 II, III GG). Diese Gruppe kann allerdings auch erweitert werden, etwa um die EU-Bürger auf kommunaler Ebene.

(4) Die dritte Gruppe wählt schließlich die vierte Gruppe der *politischen Repräsentanten.*

Bei ihren Entscheidungen müssen die Aktivbürger und die politischen Repräsentanten aber selbstredend inhaltlich alle Betroffenen berücksichtigen, also auch politisch nicht aktive Menschen wie Ausländer und Kinder, das heißt alle Mitglieder der Gruppen (1) und (2). Auch Nichtstaatsangehörige und nicht der Aktivbürgerschaft Zugehörige sind in vielfältiger Weise Subjekte und Objekte rechtlicher Regelungen. Sie haben etwa Rechte, können Verträge schließen, straffällig werden usw.

b) Das *Zivilrecht* wird vom *Prinzip der Privatautonomie* beherrscht. Das Prinzip der Privatautonomie ist eine wesentliche Ausprägung des normativen Individualismus, denn es stellt sicher, dass jeder jeweils Betroffene in einer sozialen Interaktion seine Belange wahren kann. Die Privatautonomie konkretisiert sich etwa in der *Vertragsfreiheit*, der *Testierfreiheit* im Erbrecht sowie in weiteren *Dispositionsfreiheiten* wie der Möglichkeit, Andere zu ermächtigen und zu bevollmächtigen, sein Eigentum aufzugeben oder auf sonstige Rechte zu verzichten.

Jede vertragliche Bindung setzt nach dem Prinzip der Vertragsfreiheit die Zustimmung der Vertragspartner voraus. Sie können wählen, ob, mit wem und worüber sie Verträge abschließen wollen. Sie allein entscheiden, ob und wem gegenüber sie sich zur Arbeit verpflichten, welche Wohnung sie mieten und was sie kaufen. Die Einzelnen werden also nicht nur als fähig angesehen, ihre Interessen mit Hilfe privatautonomer Regelungen zu verwirklichen. Sie bleiben umgekehrt auch davon befreit, sich den Interessen Anderer unterzuordnen, solange dies nicht ihrem Willen entspricht. Daher gibt es nur Verträge zu Gunsten, nicht aber zu Lasten Dritter.

Auch außerhalb des *Vertragsrechts* ist das Privatrecht normativ-individualistisch geprägt. Dies gilt etwa für das *Deliktsrecht.* Zahlreiche deliktische Anspruchsgrundlagen, aber auch Normen der Gefährdungshaftung schützen ausschließlich individuelle Güter: die Gesundheit oder das Leben eines Einzelnen, seine Freiheit oder sein Eigentum, während kollektive Rechtsgüter wie die Umwelt oder die Reputation einer Gemeinde zumindest in diesem Bereich nicht oder nur indirekt unter Schutz gestellt sind.

c) Im *Verwaltungsrecht* ist die Deutlichkeit des normativen Individualismus auf den ersten Blick geringer, da ein Zweck des Verwaltungsrechts gerade darin besteht, gemeinschaftliche, nicht konkret zuordbare Belange der Betroffenen gegenüber einzelnen konkreten Interessen zur Geltung zu bringen. So soll etwa das Baurecht die rechtliche Qualität und Nutzbarkeit des Bodens festlegen (Bauplanungsrecht) und der Abwehr von Gefahren, Verunstaltungen sowie der Sicherung sozialer und ökologischer Standards für ein gesundes Wohnen und Arbeiten aller Bewohner dienen (Bauordnungsrecht). Baumaßnahmen stehen deshalb unter einem Genehmigungsvorbehalt. Der Begriff des «öffentlichen Interesses» artikuliert diese gemeinschaftlichen Belange.

Das Verwaltungsrecht hat aber als zweiten wichtigen Zweck auch unmittelbar den konkreten Schutz des einzelnen Menschen in seinen Rechten gegenüber der Verwaltung und Dritten. Es gewährleistet auf vielfältige Weise die Berücksichtigung der Individualinteressen, etwa im Rahmen der baurechtlichen Nachbarklage und der beamtenrechtlichen Konkurrentenklage. Das Verwaltungsrecht ist also insgesamt durch eine individualrechtliche Ausrichtung gekennzeichnet, die sich in einem «Doppelauftrag» ausprägt.

Der durchgehende unmittelbare oder mittelbare normative Individualismus des Verwaltungsrechts resultiert bereits daraus, dass es an die materiellen und verfahrensrechtlichen Vorgaben des normativ-individualistisch geprägten Verfassungsrechts und der demokratischen Gesetzgebung gebunden ist. Der Grundsatz der Gesetzmäßigkeit der Verwaltung mit seinen Teilaspekten des Vorrangs und des Vorbehalts des Gesetzes sichert diese Bindung. Weitere einzelne normativ-individualistische Ausprägungen des Verwaltungsrechts können lediglich kurz genannt werden: die Herausbildung der subjektiven öffentlichen Rechte, die Eröffnung des Vorverfahrens und der Klage zu den Verwaltungsgerichten, vielfältige Beteiligungs- und Anhörungsrechte, die Möglichkeit zum Abschluss von Verwaltungsverträgen. Im besonderen Verwaltungsrecht sind zu erwähnen: die individuelle Baufreiheit im Baurecht, die Gewerbefreiheit im Gewerberecht, die Notwendigkeit einer Befugnis für polizeiliche Maßnahmen, die demokratische Verfassung der kommunalen Selbstverwaltung usw.

d) Im *Strafrecht* konkretisiert sich der normative Individualismus im Erfordernis des Rechtsgüterschutzes. Der Wandel zum normativen Individualismus hat sich besonders deutlich in der Reform der Sexualdelikte niedergeschlagen. Individuell unterschiedliche Lebensentwürfe werden heute in viel stärkerem Maße respektiert als früher: Mit der ersten großen Reform im Jahr 1973 wurden unter anderem der «Kuppeleiparagraph» 180 StGB gestrichen, der es bis dahin verboten hatte, unverheiratete volljährige Paare gemeinsam in einem Zimmer nächtigen zu lassen. Moralisch aufgeladene Bezeichnungen wie «Blutschande» und «Unzucht» wurden durch neutrale Wörter («Beischlaf unter Verwandten», «sexuelle Handlung») ersetzt. Im Jahr 1994 wurde der «Homosexuellenparagraph» (§ 175 StGB a. F.) abgeschafft. Normativ-individualistische Gesichtspunkte haben 1998 auch den Ausschlag dafür gegeben, die Vergewaltigung in der Ehe mit Strafe zu bedrohen. Während früher die Gemeinschaft der Ehe über den Schutz des einzelnen Ehegatten gestellt wurde, knüpft das Gesetz heute an der individuellen Verletzung der sexuellen Selbstbestimmung an. Als letztes Refugium kollektivistischer moralischer Werte könnte man im geltenden Strafrecht das Verbot des Beischlafs unter Verwandten nach § 173 ansehen. Aber diese Norm lässt sich normativ-individualistisch rechtfertigen: Sie ist durch das Interesse potentieller Nachkommen legitimiert, nicht mit einem erhöhten Risiko von Erbkrankheiten belastet zu werden.

10. Die Gerechtigkeit staatlicher Strafe

Staatliche Strafe stellt einen Spezialfall der *Verteilungs-* bzw. *Korrekturgerechtigkeit* dar. Sie bedarf als gravierendste Einwirkung des Staates auf den Menschen in besonderem Maße der Rechtfertigung. Schon Platon erwähnt die zwei wesentlichen Alternativen zur Rechtfertigung staatlicher Strafe (Protagoras, 324a; Nomoi, 933e–934a): die *retrospektive Vergeltung*, weil der Täter eine Straftat begangen hat (*«absolute Straftheorien»*), und die *prospektive Prävention* zukünftiger Straftaten (*«relative Straftheorien»*). Innerhalb der Gruppe der prospektiven Präventionstheorien lassen sich wiederum die Prävention *gegenüber allen Bürgern*, die *Generalprävention*, und die Prävention *gegenüber dem Straftäter selbst*, die *Spezialprävention*, unterscheiden. Die Generalprävention kann als *negative* Generalprävention entweder vor Straftaten abschrecken oder als *positive* Generalprävention die Rechtstreue der Bürger stärken. Die Spezialprävention kann den Täter *abschrecken*, vor ihm *sichern* oder ihn *rehabilitieren*.

Die beiden Alternativen Vergeltung versus Prävention lassen sich grob den beiden grundlegenden ethischen Theoriealternativen einer deontologischen Theorie, so bei Kant (Metaphysik der Sitten I, Anmerkung E, S. 331 ff.) und Hegel (Grundlinien der Philosophie des Rechts, § 97–103, S. 185 ff.), und einer konsequentialistischen bzw. utilitaristischen Theorie, so bei Bentham (An Introduction to the Principles of Morals and Legislation, 1789, Kap. 12 ff.) und von Liszt (Der Zweckgedanke im Strafrecht, S. 126–179) zuordnen. Aber diese Zuordnung ist weder historisch noch sachlich eindeutig oder gar zwingend. So hat etwa Cesare Beccaria auf der Grundlage eines Vertragsmodells eine Präventionstheorie entwickelt (Über Verbrechen und Strafen, S. 84) und Paul Johann Anselm von Feuerbach vom Ausgangspunkt einer kantianischen Position die Lehre von der Generalprävention (Lehrbuch des gemeinen, in Deutschland gültigen peinlichen Rechts, § 8, 16).

Nach einer Hochphase der Vergeltungstheorien durch Kant und Hegel und der Generalprävention durch Feuerbach hat die

Spezialprävention seit Franz von Liszts berühmtem Aufsatz «Der Zweckgedanke im Strafrecht» von 1882 immer mehr Anhänger gefunden und bis Anfang der 70er Jahre des 20. Jahrhunderts auch die Gesetzgebung und Rechtsprechung zunehmend beeinflusst. Nachdem allerdings festgestellt wurde, dass sich die großen Erwartungen in Rehabilitationsmaßnahmen nicht erfüllt haben, ist eine gewisse Ernüchterung eingetreten. Seitdem sind eher wieder die Theorien der Vergeltung und der Generalprävention im Vormarsch. Gleichzeitig nimmt aber als längerfristiger und stabilerer Trend schon seit Jahrzehnten die Anzahl der Vereinigungstheorien zu.

Sowohl die Präventions- als auch die Vergeltungstheorien lassen sich als Ausprägung des normativen Individualismus interpretieren, denn die Individuen haben als potentielle Opfer das Interesse, wirksam vor Straftaten geschützt zu werden und Genugtuung zu erfahren. Der Straftäter wird zum einen dadurch berücksichtigt, dass auch er als potentielles Opfer von Straftaten ein Interesse an deren Sanktionierung hat. Zum anderen wird die Zulässigkeit der Einwirkung auf den Täter gegen dessen Willen bestimmten Sicherungen unterworfen, etwa dem Anspruch auf rechtliches Gehör und den Grundsätzen «Keine Strafe ohne Gesetz» (nulla poena sine lege) und «Keine zweimalige Bestrafung derselben Tat» (ne bis in idem) (Art. 103 GG), den Rechtsgarantien bei Freiheitsentziehung (Art. 104 GG) sowie den Regelungen der Strafvollzugsgesetze.

II. Die Internationale Gerechtigkeit

Zur aktuellen Frage der Gerechtigkeit internationaler Gemeinschaften sind abschließend nur einige Andeutungen möglich: Folgt man dem normativen Individualismus, so ergeben sich in Gemeinschaften u. a. folgende Ziele: Freiheit, Gleichheit, Solidarität und Rechte der Einzelnen sowie Gemeinwohl, Fairness und Effizienz. In den unter III. 2. dargestellten Gerechtigkeitsverhältnissen haben diese Ziele unterschiedliches Gewicht, etwa ist die Freiheit besonders wichtig bei der Tauschgerechtigkeit und der Beitragsgerechtigkeit, während die Gleichheit vor allem bei der Verteilungs- und der Korrekturgerechtigkeit eine Rolle spielt.

Wenn die internationalen Beziehungen von der Ebene *eins* (Relation 5: bloße zwischenstaatliche Tauschverhältnisse) über die Ebene *zwei* (Relationen 6–8: Verschränkung von staatlichen und internationalen Gemeinschaften) zu der Ebene *drei* (Relationen 9–11: direkter Bezug der internationalen Gemeinschaft auf den einzelnen Bürger) übergehen, können wir einen entsprechenden Wandel in den inhaltlichen Prinzipien feststellen bzw. rechtfertigen. Wir sehen etwa einen Wechsel von den Zielen der Freiheit und der Gleichheit als Vertragsgleichheit mit den Verpflichtungen zur Schadensvermeidung und zur Hilfe bzw. zur Wiedergutmachung hin zu den Zielen der materialen Gleichheit, der Fairness, der Rechte, der Effizienz und des Gemeinwohls. Dieser Wandel erfasst nicht nur die Staaten, sondern auch die Individuen, wenn die Ebene drei des direkten Bezugs der internationalen Gemeinschaft auf die Bürger erreicht wird.

Die wesentliche inhaltliche Frage der internationalen Gerechtigkeit lautet: Werden die Individuen mit ihren Belangen besser geschützt, wenn man von Ebene eins zu den Ebenen zwei und drei übergeht, wenn man also Kompetenzen des staatlichen Handelns auf die internationale und globale Ebene verlagert? Diese Frage kann nicht einheitlich beantwortet werden. Man muss vielmehr die verschiedenen Bereiche der Politik gesondert betrachten: Fragen der *Umwelt* und des *Naturschutzes* sind zum Beispiel in vielerlei Hinsicht internationale und globale Fragen, etwa das Problem des Treibhauseffekts, während *kulturelle* Fragen im Wesentlichen nationale oder sogar regionale oder kommunale Fragen sind und es auch bleiben sollten, will man keine flache kulturelle Uniformität herbeiführen (Prinzip der Subsidiarität). Fragen der *Sicherheit* scheinen zwischen diesen beiden Alternativen zu liegen. Es bestehen globale Bedrohungen der Sicherheit, wie der internationale Terrorismus, der auch global bekämpft werden muss, gleichzeitig aber auch lokale Herausforderungen, wie der alltägliche Rassismus, dem lokal entgegengetreten werden sollte.

Man findet Theorien, die hinsichtlich der verschiedenen Entwicklungsmöglichkeiten der Gerechtigkeitsverhältnisse internationaler Gemeinschaften (siehe oben III. 2 am Ende).

(1) ganz auf der Ebene eins der Tauschgerechtigkeit zwischen den Staaten (Relation 5) verbleiben und nur positive Hilfspflichten annehmen (Rawls, Das Recht der Völker);

(2) hauptsächlich auf der Ebene eins der Tauschgerechtigkeit (Relation 5) operieren, aber Pflichten zur Schadensvermeidung und zur Wiedergutmachung hinzufügen (Pogge, World Poverty and Human Rights);

(3) auch auf den Ebenen zwei (Relationen 6–8) oder sogar drei (Relationen 9–11) der Beitrags-, Verteilungs- und Korrekturgerechtigkeit zwischen Staaten mit Pflichten der distributiven und korrektiven Gerechtigkeit angesiedelt sind (Hinsch, Global Distributive Justice).

Positive internationale Hilfspflichten auf der Ebene eins bzw. der Relation 5 sind unbezweifelbar und auch nicht strittig. Negative Pflichten und Pflichten zur Wiedergutmachung bestehen dann, wenn tatsächlich Schädigungen erfolgen oder erfolgt sind und noch gravierende Auswirkungen haben. Dies ist eine empirische Frage, die eine sorgfältige Untersuchung erfordert (Pogge, World Poverty and Human Rights, S. 112, 199).

Eine globale Gerechtigkeit der Verteilung und Korrektur auf den Ebenen zwei und drei hängt von der Entwicklung einer *globalen Gemeinschaft* ab. Die entscheidende Frage lautet also, ob auf globaler Ebene bereits eine Gemeinschaft existiert. Die Europäische Union ist vielleicht bereits eine Gemeinschaft im wirklichen Sinne, die allerdings noch nicht sehr weit jenseits der Grenze liegt. Für die gesamte Welt wird man den Gemeinschaftscharakter, der dann auch eine distributive und korrektive globale Gerechtigkeit erfordern würde, derzeit dagegen noch bezweifeln müssen. Es gibt zwar globale Kommunikation und globalen Handel sowie erste Ansätze globaler Produktionsstrukturen. Und mit den Vereinten Nationen besteht eine Institution des globalen Konfliktmanagements sowie mit der WTO eine Welthandelsorganisation. Es gibt auch weitere globale Institutionen wie den Internationalen Währungsfonds, die Weltbank und den Internationalen Strafgerichtshof. Aber bisher haben wir aus der Perspektive der Staaten und der Individuen keine klare Übereinstimmung über eine stärkere wechselseitige Verpflichtung und ein gemeinschaftliches Interesse sowie die Teilung von Risiken. Und es gibt im globalen Maßstab immer noch Kriege und gewaltsame Konflikte, welche die Annahme einer globalen Gemeinschaft ausschließen. Selbst Befürworter der globalen Gerechtigkeit sprechen nicht von einer globalen Gemeinschaft, sondern von «dichter ökonomischer Kooperation» (Hinsch, Global Distributive Justice, S. 71). Das Ergebnis lautet also: Wir haben starke Pflichten, unsere Hilfe für andere Nationen auszuweiten und Schädigungen zu vermeiden bzw. wiedergutzumachen. Aber es besteht gegenwärtig noch keine globale Gemeinschaft, die ein System der Umverteilung wie im nationalen Maßstab oder in beschränktem Maße auf der Ebene der Europäischen Gemeinschaft rechtfertigen würde. Vieles spricht jedoch dafür, langfristig eine solche globale Gemeinschaft anzustreben. Und es ist voraussehbar, dass sie sich in fernerer Zukunft entwickeln wird. Die erste wesentliche Bedingung dafür muss allerdings der wirksame, dauerhafte sowie globale Ausschluss von Krieg und Gewalt als den schwerwiegendsten Formen von Ungerechtigkeit sein.

Danksagung

Für wertvolle Hilfe, Anregungen und Korrekturen bei der Verfertigung dieses Buches danke ich Detlef von Daniels, Philipp Gisbertz, Philipp-Alexander Hirsch, Götz Schmiedel, Astrid Strack und Friederike Wapler.

Literatur

Alexy, Robert: Begriff und Geltung des Rechts, 5. Aufl., Freiburg 2011.
Aristoteles: Nikomachische Ethik, Stuttgart 1980.
Aristoteles: Politik, 4. Aufl., Hamburg 1981.
Aristoteles: Rhetorik, Stuttgart 1999.
Augustinus, Aurelius: De civitate dei/Vom Gottesstaat, 2. Aufl., München 1985.
Austin, John: The Province of Jurisprudence Determined (1832), Cambridge 1995.
Beccaria, Cesare: Über Verbrechen und Strafen (1764), Frankfurt a. M. 1998.
Bentham, Jeremy: An Introduction to the Principles of Morals and Legislation (1789), Mineola 2007.
Birnbacher, Dieter: Analytische Einführung in die Ethik, 2. Aufl., Berlin 2007.
Bjarup, Jes: Skandinavischer Realismus, Freiburg/München 1978.
Cicero, Marcus Tullius: De legibus, Stuttgart 1989.
Cicero, Marcus Tullius: De re publica, Stuttgart 1995.
Dreier, Ralf: Der Begriff des Rechts, in: ders., Recht – Staat – Vernunft, Frankfurt a. M. 1991, S. 95–119.
Dworkin, Ronald: Bürgerrechte ernstgenommen, Frankfurt a. M. 1984.
Dworkin, Ronald: Law's Empire, Cambridge 1986.
Dworkin, Ronald: Sovereign Virtue, Cambridge 2002.
v. Feuerbach, Paul Johann Anselm, Lehrbuch des gemeinen, in Deutschland gültigen peinlichen Rechts (1800), 7. Aufl., Gießen 1820.
Fichte, Johann Gottlieb: Grundlage des Naturrechts nach Principien der Wissenschaftslehre (1796), Berlin 1971.
Finnis, John: Natural Law and Natural Rights, 2. Aufl., Oxford 2011.
Fuller, Lon: The Morality of Law, Yale 1969.
Habermas, Jürgen: Was macht eine Lebensform «rational»?, in: Erläuterungen zur Diskursethik, 2. Aufl., Frankfurt a. M. 1992, S. 31–48.
Hare, Richard M.: Moral Thinking. Its Levels, Method and Point, Oxford 1981.
Hart, Herbert Lionel Adolphus: Der Begriff des Rechts, Frankfurt a. M. 2011.
Hegel, Georg Wilhelm Friedrich: Grundlinien der Philosophie des Rechts oder Naturrecht und Staatswissenschaft im Grundrisse (1821), Frankfurt a. M. 1986.
Himma, Kenneth: Inclusive Legal Positivism, in: Jules Coleman/Scott Shapiro (Hg.), The Oxford Handbook of Jurisprudence and Philosophy of Law, 2. Aufl., Oxford 2004, S. 125–165.
Hinsch, Wilfried: Global Distributive Justice, in: Thomas W. Pogge (Hg.), Global Justice, Oxford 2001, S. 55–75.
Hobbes, Thomas: Leviathan (1651), Frankfurt a. M. 1984.
v. Jhering, Rudolf: Der Zweck im Recht, 1. Bd., 3. Aufl., Leipzig 1893.
Kant, Immanuel: Die Metaphysik der Sitten. Metaphysische Anfangsgründe der Rechtslehre/Metaphysische Anfangsgründe der Tugendlehre (1797/1798), AA, Berlin 1907/14, Nachdruck 1968.
Kant, Immanuel: Grundlegung zur Metaphysik der Sitten (1785), AA, Berlin 1911, Nachdruck 1968.

Kant, Immanuel: Kritik der reinen Vernunft (1781), Akademieausgabe (AA), 2. Aufl., Berlin 1904/11, Nachdruck 1968.
Kaufmann, Arthur: Rechtsphilosophie, 2. Aufl., München 1997.
Kelsen, Hans: Reine Rechtslehre, 2. Aufl., Wien 1960.
v. Liszt, Franz: Der Zweckgedanke im Strafrecht. Marburger Universitätsprogramm (1882), in: ders., Vorträge und Aufsätze, 1. Bd., Berlin 1905, Nachdruck 1970, S. 126–179.
Locke, John: Zwei Abhandlungen über die Regierung (1690), 4. Aufl., Frankfurt a. M. 1988.
Machiavelli, Niccolò: Der Fürst (1513), in: ders., Politische Schriften, Frankfurt a. M. 1990.
Marmor, Andrei: Exclusive Legal Positivism, in: Jules Coleman/Scott Shapiro (Hg.), The Oxford Handbook of Jurisprudence and Philosophy of Law, 2. Aufl., Oxford 2004, S. 104–124.
Mill, John Stuart: Der Utilitarismus (1861), Stuttgart 1976.
Mill, John Stuart: Über die Freiheit (1859), Stuttgart 1986.
Montesquieu, Charles-Louis Baron de: Vom Geist der Gesetze (1748), Tübingen 1992.
Morgenthau, Henry: Politics among Nations. The Struggle for Power and Peace, 5. Aufl., New York 1977.
Nida-Rümelin, Julian: Kritik des Konsequentialismus, 2. Aufl., München 1995.
Nida-Rümelin, Julian: Ethische Essays, Frankfurt a. M. 2001.
von der Pfordten, Dietmar: About Concepts in Law, in: Jaap Hage und Dietmar von der Pfordten (Hg.), Concepts in Law, Dordrecht u. a. 2009, S. 17–33.
von der Pfordten, Dietmar: Deskription, Evaluation, Präskription, Berlin 1993.
von der Pfordten, Dietmar: Normative Ethik, Berlin 2010.
von der Pfordten, Dietmar: Rechtsethik, 2. Aufl., München 2011.
von der Pfordten, Dietmar: Suche nach Einsicht. Über Aufgabe und Wert der Philosophie, Hamburg 2010.
von der Pfordten, Dietmar: Was ist Recht? In: Zeitschrift für philosophische Forschung 63 (2009), S. 173–200.
von der Pfordten, Dietmar und Hage, Jaap (Hg.): Concepts in Law, Dordrecht u. a. 2009.
Platon: Werke, 3. Aufl., Darmstadt 1990.
Pogge, Thomas: World Poverty and Human Rights, Oxford 2002.
v. Pufendorf, Samuel: Acht Bücher vom Natur- und Völkerrecht (1672), Berlin 1998.
Radbruch, Gustav: Gesetzliches Unrecht und übergesetzliches Recht, in: Ralf Dreier/Stanley L. Paulson (Hg.), Rechtsphilosophie, 2. Aufl., Heidelberg 2003, S. 211–219.
Radbruch, Gustav: Rechtsphilosophie, 2. Aufl., Heidelberg 2003.
Rawls, John: Das Recht der Völker, Berlin 2002.
Rawls, John: Eine Theorie der Gerechtigkeit, Frankfurt a. M. 1979.
Raz, Joseph: Ethics in the Public Domain. Essays in the Morality of Law and Politics, Oxford 1994.
Ross, Alf: Tû-Tû, in: Harvard Law Review 70 (1957), S. 812–825.
Rousseau, Jean-Jacques: Vom Gesellschaftsvertrag (1762), Stuttgart 2010.
v. Savigny, Friedrich Carl: System des heutigen Römischen Rechts, Bd. I, Berlin 1840.
Scanlon, Thomas: What We Owe to Each Other, Cambridge 1998.
Singer, Marcus George: Verallgemeinerung in der Ethik, Frankfurt a. M. 1975.
Singer, Peter: Practical Ethics, 2. Aufl., New York 1993.
Slote, Michael: Virtue Ethics, in: Marcia W. Baron/Philip Pettit/Michael Slote, Three Methods of Ethics. A Debate, Oxford 1997, S. 175–238.

Stammler, Rudolf: Theorie der Rechtswissenschaft, Halle 1911.
Thomas v. Aquin: Summa theologiae, Die Deutsche Thomasausgabe, Salzburg, Leipzig, Bonn 1934 ff.
Weber, Max: Wirtschaft und Gesellschaft. Grundriss der verstehenden Soziologie, Tübingen 1985.

Textsammlungen

Hoerster, Norbert (Hg.): Recht und Moral. Texte zur Rechtsphilosophie, Stuttgart 1986.
Horn, Christoph/Scarano, Nico (Hg.): Philosophie der Gerechtigkeit. Texte von der Antike bis zur Gegenwart, Frankfurt a. M. 2002.
von der Pfordten, Dietmar (Hg.): Rechtsphilosophie, 2. Aufl., Freiburg 2010.
Seelmann, Kurt (Hg.): Texte zur Rechtsphilosophie I. Von der Antike bis ins 19. Jahrhundert, Basel 2000.

Lehrbücher/Einführungen/Darstellungen

Adomeit, Klaus/Hähnchen, Susanne: Rechtstheorie für Studenten, 6. Aufl., Heidelberg 2012.
Braun, Johann: Einführung in die Rechtsphilosophie, 2. Aufl., Tübingen 2011.
Braun, Johann: Rechtsphilosophie im 20. Jahrhundert. Die Rückkehr der Gerechtigkeit, München 2001.
Brieskorn, Norbert: Rechtsphilosophie, Stuttgart 1990.
Brugger, Winfried/Kirste, Stephan/Neumann, Ulfried (Hg.): Rechtsphilosophie im 21. Jahrhundert, Frankfurt a. M. 2008.
Coleman, Jules/Shapiro, Scott (Hg.): The Oxford Handbook of Jurisprudence and Philosophy of Law, 2. Aufl., Oxford 2004.
Hoerster, Norbert: Was ist Recht? Grundfragen der Rechtsphilosophie, München 2006.
Höffe, Otfried: Gerechtigkeit. Eine philosophische Einführung, 4. Aufl., München 2010.
Holzleithner, Elisabeth: Gerechtigkeit, Wien 2009.
Horn, Norbert: Einführung in die Rechtswissenschaft und Rechtsphilosophie, 5. Aufl., Heidelberg 2011.
Kirste, Stephan: Einführung in die Rechtsphilosophie, Darmstadt 2010.
Kaufmann, Arthur/Hassemer, Winfried/Neumann, Ulfrid (Hg.): Einführung in die Rechtsphilosophie und Rechtstheorie der Gegenwart, 8. Aufl., Heidelberg 2011.
Koller, Peter: Theorie des Rechts. Eine Einführung, 2. Aufl., Wien 2001.
Mahlmann, Mathias: Rechtsphilosophie und Rechtstheorie, 2. Aufl., Baden-Baden 2012.
Naucke, Wolfgang/Harzer, Regina: Rechtsphilosophische Grundbegriffe, 6. Aufl., München 2012.
Röhl, Klaus F./Röhl, Hans Christian: Allgemeine Rechtslehre, 3. Aufl., Köln 2008.
Rüthers, Bernd/Fischer, Christian/Brink, Axel: Rechtstheorie mit juristischer Methodenlehre, 6. Aufl., München 2011.
Seelmann, Kurt: Rechtsphilosophie, 5. Aufl., München 2010.
Senn, Marcel: Rechts- und Gesellschaftsphilosophie, St. Gallen 2012.
Smid, Stefan: Einführung in die Philosophie des Rechts, München 1991.
Tebbit, Mark: Philosophy of Law. An Introduction, 2. Aufl., London 2005.
Zippelius, Reinhold: Rechtsphilosophie, 6. Aufl., München 2011.

Personenregister

Alexy, Robert 66, 74 f., 77
Aristoteles 7, 23–26, 68, 83–86, 91, 105
Austin, John L. 28, 34, 37, 39, 62, 69
Beccaria, Cesare 116
Bentham, Jeremy 27, 100, 116
Birnbacher, Dieter 99
Bjarup, Jes 28
Cicero 24, 68
Coleman, Jules 77
Daschner, Wolfgang 15
Dreier, Ralf 70
Dworkin, Ronald 30, 52, 62, 66, 69 f., 74 f., 77
Feuerbach, Paul Johann Anselm v. 116
Fichte, Johann Gottlieb 26 f., 83
Finnis, John 30, 66, 83
Fuller, Lon 31
Gauthier, David 101
Habermas, Jürgen 103
Hare, Richard M. 100
Hart, Herbert Lionel Adolphus 28, 30 f., 34–39, 48–51, 53, 62, 65 f., 69 f., 76 f.
Hegel, Georg Wilhelm Friedrich 27, 68, 83, 94, 116
Himma, Kenneth 76 f.
Hinsch, Wilfried 119 f.
Hobbes, Thomas 26, 28, 37, 39, 68, 83, 101
Hoerster, Norbert 66
Hume, David 83
Iustinian 24
Jhering, Rudolf v. 27 f., 38
Kallikles 83
Kant, Immanuel 12, 21, 27, 34, 39, 41, 46, 52, 68, 74 f., 83, 97–99, 102, 106, 116
Kaufmann, Arthur 29
Kelsen, Hans 28, 31, 38–47, 49, 53, 62, 65 f., 69, 77, 83
Liszt, Franz v. 116 f.
Locke, John 26, 68, 101
Machiavelli, Niccolò 26
Mackie, John Leslie 83
Marmor, Andrei 76 f.
Metzler, Jakob v. 15
Mill, John Stuart 27, 83
Montesquieu, Charles-Louis de 26, 65
Nida-Rümelin, Julian 83, 100
Pfordten, Dietmar von der 8, 42 f., 53 f., 59, 63, 81–83, 85, 97, 106
Platon 7, 22–26, 68, 83 f., 91, 105, 116
Pogge, Thomas W. 119
Pufendorf, Samuel v. 26
Radbruch, Gustav 29, 58, 68, 78–80, 83
Rawls, John 29, 83, 101 f., 109, 119
Raz, Joseph 66, 76 f.
Ross, Alf Niels Ch. 62
Rousseau, Jean-Jacques 26, 83, 101
Savigny, Friedrich Carl v. 34, 65
Scanlon, Thomas M. 101–103
Scheler, Max 83
Slote, Michael 105
Spinoza, Baruch de 83
Stammler, Rudolf 39
Thomas von Aquin 25, 68, 83, 84 f., 91
Thrasymachos 83
Weber, Max C. E. 38 f., 69

Sachregister

(Hauptfundstellen sind fett gedruckt)

Abwägung 52, 74, 81, 92, 100,102, 108 f., 112
Aktiv- bzw. Wahlbürger 112
Allgemeinheit 34 f., 54, 98
Anordnung 25, 35, 46, 80
Anweisung 42, 63, 73
Anwenderperspektive 13
Bedürfnisse 54, 105 f.
Befehl 26, 28, 36–38, 53, 62, 69
  Rechtsbefehl 78
  Schießbefehl 78
Begriff 16 f., 19 f., 28, 32, 34 f., 37, 39, 48, 52, 54, 57, 68–70, 75 f., 86, 98, 114
beitragende Gerechtigkeit bzw. Beitragsgerechtigkeit **90 f.**, 95, 117
Bekanntgabe 25, 31
Belang 53, **54–56**, 78, 92, 95 f., 101, 102, 106–110, 113–115
Beteiligungs- und Anhörungsrechte 115
Bürger 23, 26, 28 f., 54, 58, 78, 81, 95, 102, 112 f., 116, 118
Corpus Iuris Civilis 24
Demokratieprinzip 112
Differenzprinzip **29**, 102, 109
Diskursgemeinschaft 96 f.
Diskursprinzip 103
Dispositionsfreiheiten 113
Eigentum 26, 62 f., 68, 113 f.
  Privateigentum 111
Einzelanordnung 33–36
Einzelfallregelung 33
Einzelne, der/die 96, 107, 110, 112
Emotivismus 83
Erkenntnis 7–10, 22, 30, 40, 46, 49, 65
  Erkenntnisregel 49–50, 70, 76
  Erkenntnisziel 8 f.
  Welterkenntnis 20
Ethik 15 f., 24, 30, 48 54, 57, 59, 66–72, 74 f., 77, 80–86,91, 95–110
  Rechtsethik **13–16**
  Ethik des normativen Individualismus **106–110**
Ethos 86, 105
Expertokratie 23
Externalität 60, 62, 64, 95
Folterverbot 101
Formalität **60–66**, 95
Freiheit 26 f., 33, 36, 39, 62, 68, 88, 95, 98, 108, 114 f., 117 f.
  Dispositionsfreiheit 113
  Freiheitsbeschränkung 80
  Glaubensfreiheit 111
  Grundfreiheit 29
  Handlungsfreiheit 111
  Testierfreiheit 113
  Vertragsfreiheit 113
  Widerspruchsfreiheit 31
Freundschaft 30, 86
Gegenstand 7–9, 10–13, 21
  , der Gerechtigkeit 86
  , der Philosophie 7–9, **9 f.**, 11
  , der Rechtsethik **14 f.**
  , der Rechtstheorie **14**, 34
  , der Rechtsphilosophie **12ff.**
Geltung 28, 38, 40, 45 f., 71, 75, 78–80, 104, 114
Gemeinschaft 20, 22–26, 30, 34, 39, 42, 51, 63–65, 88–95, 96 f., 105–112, 115, 118 f.
Gemeinwohl 22–26, 36, 53, 68, 117 f.
Generalprävention 116 f.
Gerechtigkeit
  allgemein **84ff**
  beitragende Gerechtigkeit bzw. Beitragsgerechtigkeit **90 f.**, 95, 117
  korrigierende Gerechtigkeit bzw. Korrekturgerechtigkeit **90 f.**, 92–95, 116–119
  , Verhältnisse der 84–95
  , Prinzipien der 95ff
  Tauschgerechtigkeit **87–91 f.** , 92, 94 f., 117–119
  Verteilungsgerechtigkeit 12, 33, **90 f.**
Gesellschaft 9, 13, 18f., 28 f., 31, 36, 38, 48, 50f. , 57, 64, 67, 88, 96 f., 107

Gesetze 12, 23, 26 f., 34 f., 37, 47, 49, 52 f., 58, 61, 65, 71, 78 f., 91, 98, 114
Gesetzesinterpretation 72
Gesetzesanwendung 72
Gewohnheitsrecht 12, 36, 38, 61, 64 f.
  allg. Regeln des Gewohnheitsrechts 65
Gleichbehandlung 34, 87
Gleichheit 24, 26, 29 f., 53, 58, 86–90, 108, 117 f.
Gleichheitsprinzip 102, 107, 109
Glück 24 f.
Glückseligkeit 24
göttliches Recht 12, 16, 61
Grundnorm 41–44, 46–49
Grundsatz der Gesetzmäßigkeit der Verwaltung 114
Gute, das 16, **22–26**, 53, 68
  gutes Leben 86
  gutes Recht 59
Handlungsregulierung 28
Handlungstheorie 14
Hierarchie 39, 41
Individualzone 108–110
Individuum 37, 54, 78, 92 f., 96–98, 100–107, 112, 117–119
Immanenz 61f., 64, 95
Imperativentheorie 37–39
Institut 52, 62f., 104 f.
Institution 18 f., 15, 48, 59, 63, 76, 84, 94, 98 f., 119
  Institutionenbildung 14
Integrität 30 f.
Interesse 21, 34, 47, **54–56**, 57–62, 82f., 96–120
Intuitionismus 83
Kategorialität **60**, 62, 64, 95
keine Strafe ohne Gesetz 117
Kodifikation 52, 70
Kognitivismus 82
Kohärentismus 83
Kollektiv, das 54, 96, 112
Konfliktregelung 47
Konsequentialismus/Utilitarismus 27, 97, **100 f.**, 102, 106, 116
Kontraktualismus 97, **101–104**
Konvention 17, 20 f., 32, 42 f., 51–53, **59 f.**, 67, 77, 95
korrigierende Gerechtigkeit bzw. Korrekturgerechtigkeit **90 f.**, 92–95, 116–119
Legalität 47
Legitimation, demokratische 34, 111
Legitimität 45–48, 82
Leid 27, 100
Logik 10
  Normlogik 7, 14
Lust 27, 100
Maximierung 27, 100–102, 107
  Maximierungsprinzip **100 f.**, 108 f.
Maximinprinzip **29**, 102, 108
Mehrebenensystem 93
Menschenrechte 81, 95, 111
Menschenwürde 15, 62, 81, 107 f., 111
Metaethik **82**
Methode 8–11
Methodenlehre 14f., 72
Mittel 8, 10 f., 17–22, 25–31, 31–52, 53, 57, 59–63, 67–69, 71, 77 f., 95, 98, 103, 112
  , des Rechts 18, 20–22, 25, 28, **31–52**, **59–63**, 75
  , der Philosophie 10
mittelbare Drittwirkung 111
Moral 17, 20 f., 32 f., 46, 52 f., 57, 59 f., **66–67**, 68–77, 81, 95
Naturrecht 12, 16, 61, 26, 29, 30, 52, 66, 75
ne bis in idem 117
Nichtbefolgung 39, 81
Nonkognitivismus 83
Norm 14, 20, 27 f., 30 f., **32–35**, 35–52, 59 f., 62 f., 66–77, 78–85, 99, 103, 106, 114 f.
  Normativität **32 f.**, 42 f., 46, 49, 95–117
  Normen, allgemeine 33, 35, 52
  Normhierarchie 36–37, 45
  Normlogik 7, 14
  Normordnung 67, 73–75, 82, 95–97
  Normwissenschaft 13
  Zwangsnorm 27 f.
normativer Individualismus 96–98, 100, 105, **106–115**, 117
normativer Kollektivismus 96 f.
nulla poena sine lege 117
Nutzen 26 f., 100
  Nutzensumme 100
Objektivität 7, 43–45, 82 f.
Ordnung (allg.) **18 f.**, 78, 81, 93–95
  Normordnung 67, 73–75, 82, 95–97

Rechtsordnung 12 f., 30, 34, 44 f., 47–52, 60 f., 64–66, 69–72, 78, 81
Organisation 18 f.
Partizipation 98
Perfektionierung 27
Perspektive
, extern 13, 35, 36
, intern 35
Pflicht **31–36**, 39 f., 48, 52, 59–62, 70, 75 f., 78–81, 85 f., 97 f., 100 f., 117–120
, gegen sich selbst 86
Wehrpflicht 110
Philosophie **7–16**, 46, 54, 66 f., 98
Philosophenkönig 23
Philosophieren 22
Politische Philosophie 14
Rechtsphilosophie **7–16**, 20, 22, 25, 29, 64, 68 f., 80
Sprachphilosophie 14
, Gegenstand der **9 f.**
, Erkenntnisziel der **10**
, Methode der **10**
, umfassende Sicht der **10 f.**, 13, 16, 19, 22
Politik 17, 20–27, 29 f., 32, 48, 59–61, 67, 77, 92, 95, 118
politische Philosophie 14
politische Gemeinschaft 22 f., 26, 30, 110, 112
politische Repräsentanten 112 f.
Politikwissenschaft 14
positives Recht **12**, 33, 72
Positivierung 12, 80
Positivismus 27, 75–78
Rechtspositivismus **16**, 28, **66–68**
Prävention, prospektive 116
Präventionstheorien 116
Praktische Vernunft 30
Prinzipien 30, 36 f., **52 f.**, **69–78**, 101–103
, des Privatrechts 88
, der Gerechtigkeit 95 f.
Prinzip der relativen Individual- und Ander- bzw Gemeinschaftsbezogenheit der Individualbelange 106
Privatautonomie 87 f., 113
Recht 7–11, **12**, 13–16, **17–81**, 82–86, 89, 94–98, 101 f., 104, 110 f., 116–119
Gewohnheitsrecht 12, 36, 38, 61, 64 f.
göttliches Recht 12, 16, 61
Naturrecht 12, **16**, 61, 26, 29 f., 52, 66, 75
, als natürliches Phänomen 17
, positives **12**, 33, 72
Rechtsbefehl 78
Rechtsgüterschutz 115
Rechtsquelle 14, 65, 70
Richterrecht 12, 65
Verfassungsrecht 58 f., 64, 80, 110 f., 114
Verwaltungsrecht 114 f.
Zivilrecht 113 f.
Rechtfertigung 14, 44–48, 70 f., 83, 87, 96–98, 101 f., 107, 116
Rechtsbegriff 14, **17ff.**, 20, 32, 34, 58, 64, 70, 78–80
Rechtsdogmatik **12 f.**, 15
Rechtsethik **14 f.**, 83–120
Rechtsethnologie 64
Rechtsgeschichte **13**, 15, 64
Rechtslehre 7, 20
Rechtsordnung 12 f., 30, 34, 44 f., 47–52, 60 f., 64–66, 69–72, 78, 81
Rechtsphilosophie 7–10, **11–16**, 20, 22, 25, 29, 64, 68 f., 80
Rechtspolitik 14 f.
Rechtspositivismus **16**, 28, **66–68**
, exklusiver 76 f.
, inklusiver 76 f.
Rechtssicherheit 29, 34, 58, 61, 69, 78 f.
Rechtssoziologie 7, **13**, 15, 20, 64
Rechtstheorie **14**, 16–81
Rechtsvergleichung 14 f.
Rechtswissenschaft 7, 9 f., **12 f.**, 14, 41
Regel 20, 23, 30 f., **33–36**, 37, 42, 53, 61, 69–71, 77, 87, 96 f.
allg. Regeln des Gewohnheitsrechts 65
Spielregeln 55
Entscheidungsregel 49
Änderungsregel 49
Regeln der jur. Methodenlehre 72
Regelmäßigkeiten 32, 34 f.
Regelsystem 37, 48, 51, 65
Regelzweistufigkeit 36, 48–52, 62, 65
Reine Rechtslehre 20, **39–48**
Relativzone 108–110
Religion 11, 17, 20, 30, 32, 51, 59–62, 63 f., 67, 95, 108, 110
Richterrecht 12, 65

richtiges Recht 16
Richtigkeit 16, 45, 74 f.
Richtigkeitsfähigkeit 82 f.
Satzungen 12, 33, 58, 84
Seinswissenschaft 7 f.
Sein und Sollen 40, 49
Selbsterhaltung 26, 36
Selbstverwaltung, kommunale 115
Sexualdelikte 115
Sittengesetz 97
soziale Tatsache(n) 17, 49 f., 57, 66 f., 76
Sozialzone 108–110
Soziologie 9, 51
Spezialprävention 116 f.
Sprache 31, 59, 95
  Sprachanalyse 7
  Sprachkritik 7 f.
  Sprachphilosophie 14
Staatsangehörige 112
Staatsräson 26
Strafe 116 f.
Strafrecht 115–117
Straftheorien
  , absolute 116
  Generalprävention 116 f.
  Prävention, prospektive 116
  Präventionstheorien 116
  , relative 116
  Spezialprävention 116
  Vergeltung, retrospektive 116
Strebung 54, 106
Stufenbau 39 f., 48
subjektiv-öffentliche Rechte 115
Subjektivismus 83
Subjektivität 45, 82
supererogatorische Handlungen 86
System **18 f.**, 28 f., 41, 51, 93, 120
  , dynamisches 41, 28
  , statisches 41
  Systembildung 14
transzendent-religiöses Recht 12, 16, 61
Trennungsthese **66**, 68 f.
Tüchtigkeit 22–24
Tugend 22–24, 82 f.
Tugendethik 97, 104–106
Tyrannenmord 81
überpflichtgemäße Handlungen 86 f.
Ukas 63 f.
Unbestimmtheit 48
Ungleichheit 29, 88 f., 102
Universalisierungsgrundsatz 103
Unrecht 16, 58, 79 f.
Unwirksamkeit 48
Urteil 14, 33 f., 38, 40, 45, 47, 52, 53, 61, 65, 73, 75, 85 f.
Utilitaristen/Utilitarismus 27, 97, **100 f.**, 102, 106, 116
Verfassungsgewohnheitsrecht 80
Verfassungsnormen 12, 74
Verfassungsrecht 58 f., 64, 80, 110 f., 114
Verhaltensleitung 31 f.
Verhältnismäßigkeitsprinzip 111 f.
Verordnungen 12, 33, 41, 47, 57
Verpflichtung 13 f., 20, **31–36**, 39 f., 42, 50, 52 f., 59–67, 73–77, 79–81, 85 f., 89 f., 96 f., 101–104, 105
Verteilungsgerechtigkeit 33, **90 f.**, 95
Vertrag 12, 18, 34, 37, 40 f., 61–63, 65, 86–88, 96, 97, 101–104, 113–116, 118
Vertragsethik bzw. Kontraktualismus, Vertragstheorie, Zustimmungstheorie 97, **101–104**
Vertragsfreiheit 88, 113
Vertragsgleichheit 118
Verwaltungsakt 17, 33 f., 41, 47, 52, 57 f., 62
Volk 96 f., 112
Vorbehalt des Gesetzes 114 f.
Vorrang des Gesetzes 114 f.
Vorverfahren 115
Wahlbürger 112
Wahrheitsfähigkeit 82
Wehrpflicht 110
Welt als Ganzes **10 f.**, 51
Widerstand 38 f., 67, 81
  Ziviler Ungehorsam 81
Widerstreit 53 f., **56–64**, 67, 69, 95, 108 f., 110
Wille 25, 27, 38 f., 54 f., 97, 106, 113, 117
  Geltungswille 78
Wissenschaft 8 f., 10, 62, 108
Wunsch 37, 54 f., 104 f., 106, 110
Ziel(e)
  , des Rechts 17, 19, **20–31**, **53–59**, 62 f., 68–71, 77 f., 95
  , der Philosophie 10
Ziviler Ungehorsam 81
Zivilrecht 113 f.
Zustimmungstheorie 97, **101–104**
Zwang 27 f., **36–39**, 53, 60, 62, 69
Zwangsnorm 27 f.